CRIANDO APÓS O ABUSO

COMO SE CURAR DO TRAUMA E SEGUIR EM FRENTE COM SUA VIDA QUANDO TUDO MAIS FALIIOU

2ª EDIÇÃO

DR. LISA COONEY

Este livro é dedicado àqueles que têm vivido com uma "jaula invisível" ao redor de si e estão prontos para quebrar a jaula ao aceitar que eles (você) são a chave.

Você é a chave para desbloquear a si mesmo de tudo e de qualquer coisa. Sua escolha de não se dar por vítima pelas invenções que lhe impedem de Viver o Seu ROAR[1]!

Agora, mais do que nunca, é hora de criar APÓS o abuso e parar de permitir que o passado dite seu futuro.

E se tudo em seu passado fosse uma possibilidade de crescimento pós-traumático? É isso que estou escolhendo.

Sou continuamente grata por todos os treinamentos e experiências que consegui reunir para ajudar a mim mesma e a outras pessoas. Sou especialmente grata por todos aqueles que contribuíram para a ROAR agora e antes.

---

1. **N. T.: ROAR – Radicalmente e Orgasticamente Vivo, do inglês:** *Radically and Orgasmically Alive*

E a você, leitor! Vamos criar o mundo que sabemos ser possível!

AGRADECIMENTOS

Este livro teve um longo, longo período gestacional. Eu vi agora que eu realmente tinha que "poder" criar minha vida, meu viver e meu negócio após o abuso. E me custou algum tempo para fazer isso. Sou grata à mudança contínua e a este livro por me guiar tão amorosamente.

Eu me vejo como nunca desistindo disso e de mim. Sou muito determinada a mostrar uma possibilidade diferente de curar e criar após décadas de abuso em suas várias formas.

Quando as pessoas identificam a jaula sob e dentro da qual estiveram vivendo, novos paradigmas para curar o abuso e, consequentemente, criar após o abuso, começam a se abrir.

Reconheço que todos temos um dom, uma ideia e uma contribuição para mudanças e curas neste planeta. Este livro é parte disto para mim. Eu lhe parabenizo por suas próprias criações e espero que este livro lhe instigue a reconhecer o mesmo. O abuso não é o fim, é um começo para criar sua vida como nova e agora.

Então vá em frente, comece a criar! É assim que eliminamos o abuso. Nós não paramos, nós crescemos além dele e vivemos sendo verdadeiros conosco.

Que outras escolhas são possíveis? E como você pode escolher isso agora?

INTRODUÇÃO

Eu passei maior parte da minha vida adulta buscando formas de curar o abuso.

Assim como a maioria das pessoas que conheço que está buscando curar o abuso, eu estava procurando fora de mim mesma, sem perceber que eu já era a fonte da minha própria cura. Eu sempre achava que se fizesse mais um curso, contratasse mais um terapeuta, aprendesse com mais um professor, encontraria magicamente a chave. E, no entanto, a chave para curar o abuso está de fato em você. A mentira com que o alimentaram é que a cura é algo que você deve buscar fora de você. Se você vem buscando respostas fora de você, neste livro exploraremos um modelo totalmente diferente. Eu lhe mostrarei que há uma forma de não somente ir além da história do abuso, mas de viver uma vida que parece "Radicalmente Viva".

Há alguns mitos que você pode ter comprado sobre transformar o abuso, e este livro também irá dissipá-los:

O primeiro mito é que você tem que fazer isso sozinho. Se você comprou a "mentalidade de sobrevivente", provavelmente você se habituou a batalhar e tentar fazer tudo sozinho. Parte do novo paradigma de curar o abuso é reconhecer que você não precisa fazê-lo.

O segundo mito que você pode ter comprado é de que não há escolha. Com isso eu quero dizer que não há escolha nas suas ações e reações automáticas que derivam do abuso. Como reafirmo constantemente no decorrer deste livro, em todos os momentos sempre existe uma escolha. É que, até agora, você pode não ter estado ciente de que você tinha uma escolha, muito menos de como fazer uma escolha diferente. Não há nada mais importante neste mundo e na sua vida do que escolher uma possibilidade mais grandiosa para você.

Minha abordagem é nomear aquilo que não foi nomeado de forma direta, real e compassiva. Estou me referindo às várias formas de abuso que ainda são toleradas e perpetuadas atualmente.

Quando falo sobre abuso, não me refiro apenas à forma mais familiar de agressão física e sexual. Estou também me referindo às formas subjacentes socialmente aceitas com as quais manipulamos, controlamos e oprimimos uns aos outros. De fato, o abuso tem muitas faces. Isso inclui as maneiras passivo-agressivas com as quais aprendemos a nos comunicar uns com os outros enquanto raça humana. Alguém pode dizer que está tudo bem, não se preocupe com isso, e, ao mesmo tempo, se comunicar num tom que implica que não está bem e que você pagará por isso depois. Ou alguém lhe dará amor e atenção desde que você faça exatamente o que eles querem que você faça e, no momento em que você fizer ou disser algo que eles não gostarem, eles sacudirão suas cabeças, se afastarão e ficarão quietos. Eles podem dizer que você tem escolha, mas lhe punirão se você não escolher o que eles têm em mente.

A consequência disso é que muitos de nós andamos por aí no que eu chamo de "Jaula do Abuso" sem nem saber. A jaula, a qual exploraremos no decorrer do livro, é como um "escudo invisível" no qual sobreviventes de abusos se enrolam inconscientemente. Geralmente, pessoas que foram abusadas nem sequer estão cientes de que estão vivendo, diariamente, dentro desta jaula. Tudo o que elas conhecem é uma sensação de limitação, uma sensação de peso e densidade. As coisas não parecem tão vívidas quanto poderiam ser. E elas não estão certas do porquê. Algumas podem culpar uma doença crônica, ou depressão, ou outra coisa.

Não importa se o abuso que você vivenciou foi de natureza sexual, física, espiritual, financeira ou emocional, ou se foi um evento único, ou uma série de incidentes. Em qualquer destes casos, nós carregamos profundamente dentro de nós um sensação de erro que é desajustada desde o início. Ela pertence ao agressor, mas nós a tomamos como nossa. Criamos então nossas vidas a partir deste estado interno de erro. O resultado de tudo isso é que acabamos dando tanto poder para o originador do ato do abuso e pouquíssima conscientização para nós mesmos.

Se você vivenciou o abuso, provavelmente você aprendeu estratégias para ajudá-lo a enfrentar, tolerar e funcionar no ambiente abusivo. Por exemplo, se lhe disseram para calar a boca quando você começava a falar, provavelmente você aprendeu a falar menos ou a falar somente quando tinha certeza de que todos estavam bem com isso. Ou se quando você esteve feliz e realmente empolgado, alguém veio e lhe disse para maneirar e se recompor, você pode ter aprendido que felicidade e empolgação são erradas, e elas chateiam as pessoas. Metaforicamente, nós aprendemos a nos curvar, dobrar e mutilar para nos encaixar na jaula.

Por exemplo, somente seremos felizes se as pessoas ao nosso redor estiverem felizes, ou não veremos as coisas como realmente são, e, ao invés disso, fazemos de conta que tudo está bem (mesmo quando sabemos que não está), ou abriremos mão dos nossos sonhos e desejaremos que outras pessoas nos julguem por tê-los.

Até podermos nos tornar cientes das crenças e limitações que tomamos dentro desta jaula, continuaremos a atrair tudo na vida a partir deste lugar e tomar decisões a partir deste lugar.

Se acreditarmos que não somos bons o suficiente para sermos amados como somos, permitiremos em nossas vidas pessoas que nos julgarão e criticarão da mesma forma que nossos pais o fizeram.

Se acreditarmos que há algo de errado conosco, encontraremos pessoas que se sentem da mesma forma.

Se acreditarmos que toda vez que estamos felizes coisas ruins acontecem, atrairemos pessoas que são ameaçadas por nossa felicidade e nos punirão por isso.

Se acreditarmos que tudo que aconteceu foi nossa culpa, encontraremos pessoas que não assumem responsabilidade pelas próprias ações, e que aprenderam a culpar os outros por se comportarem da forma como fazem.

Até que possamos nos tornar conscientes disso, e nos libertar disso – que é o que eu lhe mostrarei como fazer neste livro – vamos sofrer. É quando ficarmos conscientes disso que podemos começar a escolher.

Este processo requer persistência e determinação – o que eu gostaria de definir como uma tenacidade da consciência – para reconhecer a jaula na qual você esteve vivendo e que até agora o manteve numa história interminável de abuso, deficiência e limitação como sendo sua realidade. Meu intuito é ajuda-lo a ver que você tem a habilidade de criar uma nova realidade e escolher liberar velhas estruturas e mentiras que o mantiveram na jaula.

COMO ESTE LIVRO FUNCIONA

Este livro o ajudará a sair da sua jaula invisível. Mas antes de fazê-lo, você precisa reconhecê-la, abraçá-la e saber que ela está aí. Minha abordagem é nomear aquilo que provavelmente, até agora, permaneceu nomeado por você. Uma vez que a jaula foi identificada, você pode vê-la. Você pode sentir suas restrições e suas barras, e você pode sair dela. Antes de você saber que ela está lá, ela o mantém dentro dela e molda cada decisão sua, cada movimento seu, cada pensamento seu. Ela molda sua realidade e sua percepção de si mesmo.

Se até agora você tem vivido sua vida dentro da jaula, provavelmente você supôs que esta foi sua única escolha. Na verdade, para a maioria das pessoas com as quais eu trabalhei, a ideia de escolha pareceu confusa a princípio. Foi-nos vendido o mito de que, porque vivenciamos o abuso, nossas vidas serão para sempre cheias de sofrimentos. Sua vida, até agora, provavelmente veio lhe provendo com evidências suficientes de que este é o caso. Escolher pode não ter sido algo que você sequer considerou. Entretanto, este livro não somente lhe mostrará como escolher diferentemente, como também lhe dará as ferramentas para assim fazê-lo.

Você pode já ter investido uma quantia fenomenal de tempo e energia tentando se curar do abuso. Talvez, até agora, você não tenha visto os resultados que você deseja. Eu descobri que muitas ferramentas e práticas são sobre se consertar ou curar a si mesmo, e conseguir algo de volta que você supostamente perdeu. O modelo de terapia tradicional ensina que você deve se "consertar" para ser livre. Quando você adota esse modelo, você supõe que há algo de errado com você, e você busca soluções para consertar o problema. Isto vira um poço sem fundo cujo fim você nunca encontra, porque você nunca se sente inteiro ou consertado. Você pode ter se pego andando em círculos semelhantes, imaginando se um dia haveria fim, e esperando pelo dia em que você finalmente estará curado.

Tendo um doutorado em psicologia, eu vejo as crenças e as limitações destas crenças, do que é necessário para curar-se do abuso hoje, operando no mundo da psicologia tradicional. Mas eu também vejo além das limitações do paradigma atual de cura do abuso. Meu convite é para você se juntar a mim além das paredes do paradigma existente e para um novo paradigma de Vivacidade Radical.

Esse livro vai virar de ponta-cabeça o paradigma antigo de lidar com abuso. Você descobrirá que não precisa resgatar nem consertar nada. Ao invés disso, compartilharei com você como escolher a partir de um estado de ser completamente diferente. Você aprenderá como escolher encerrar o ato ou a continuação do abuso, e a não mais permitir que este único ato, ou série de eventos, domine sua vida inteira.

O modelo de viver Radicalmente Vivo que eu lhe apresento nesse livro requer escolha e conscientização constantes. É uma escolha não se definir pelo que lhe aconteceu, uma escolha que este livro o ajudará a fazer em todos os momentos de cada dia. O que estou compartilhando com você aqui vai além de procurar soluções rápidas ou a cura da noite para o dia. É uma prática constante de atenção plena, na qual você se torna consciente da escolha dentro de si no momento presente e está disponível para escolher novas possibilidades.

Vou articular a experiência do abuso de formas que provavelmente serão novas para você, colocando palavras em pensamentos, sentimentos e estratégias não expressas de enfrentamento. Não é diferente de aprender um novo idioma. Mesmo assim, quando você ouvir, provavelmente sentirá uma sensação de alívio que lhe abrirá as portas para uma nova forma de ver o mundo. Isto, por si só, pode criar mudanças tremendas na sua percepção da realidade.

Muito do nosso trabalho juntos começa com o aumento da sua conscientização. Na Parte Um, olharemos para o que é isso em um nível interno, examinaremos o que eu chamo de os quatro Ds, que podem estar lhe levando a fugir: Negar, Defender, Desconectar e Dissociar, e explorar algumas das emoções familiares como vergonha, raiva, ira, tristeza e medo que acompanham o ter sido abusado. Na Parte Dois, examinaremos como o abuso continua a moldar e impactar sua vida externamente, incluindo sua saúdo e seu corpo, seus relacionamentos e sexualidade, e seu dinheiro e carreira. E finalmente, na Parte Três, olharemos para como mover-se além do abuso e em direção à uma vida de Vivacidade Radical. Começaremos uma conversa revolucionária sobre esperança, mostrando-lhe como você pode acessar uma nova forma de viver. Você vai descobrir como mudar para que você não mais opere no âmbito do que aconteceu antes (o passado), mas, ao invés, vivenciando a vida a partir de um novo estado de consciência e presença. Você poderá se tornar mais presente e quebrará os padrões familiares de "fuga", os quais, em essência, são uma forma de estar ausente na sua vida.

Exploraremos tudo o que foi descrito acima no contexto de sair dos confinamentos da jaula do abuso e adentrar a Vivacidade Radical na qual você agora estará gerando e criando uma vida para si que vai além de qualquer coisa que você poderia imaginar.

PARTE UM: TRANCADO NA JAULA DO ABUSO

CAPÍTULO UM: A JAULA INVISÍVEL

Você acorda pela manhã e começa a passar por um rosário de coisas que não estão certas na sua vida ou que você fez de errado ontem? Estas são todas formas de autojulgamento – uma das características da "jaula invisível". A ironia é que a única coisa verdadeiramente errada quando você faz isso é que você está se julgando.

Julgamento é uma energia insidiosa e ainda assim sutil. Quando usado contra si mesmo, você se torna seu próprio eterno carcereiro preso na falsa crença de que você é falho, errado e indigno. Se você continuar pensando que algo está errado o tempo todo, então você criará e demonstrará que está errado, de forma que você possa provar-se certo, ao menos sobre isto. Há uma parte de nós que gosta de verificar aquilo que consideramos negativo. É um sensação familiar que nos acostumamos a chamar de "lar".

O desafio com o julgamento é que ele não permite a liberdade e a expansividade de possibilidades mais grandiosas. Ao contrário, você se mantém pequeno e lutando, indo contra a correnteza.

Superar o julgamento é um dos componentes-chave para sair da jaula invisível do abuso e ir além das garras do abuso. No decorrer deste livro, vamos explorar os julgamentos que você infligiu a si mesmo e aos demais, assim como o resultado direto, porém não intencional, criado como consequência. Então descobriremos formas de você se mover além deles para que crie do "agora", ao invés das experiências passadas.

Eu conheço o caminho muito bem.

E você só tem que seguir a luz.

MINHA HISTÓRIA

"Você está bem?", ela me perguntou.

Parecia uma pergunta simples. Mas a verdade era que esta era a primeira vez que alguém tinha me perguntado. Eu tinha 21 anos na época.

Eu parei, considerei sua pergunta. A resposta, é claro, era um não definitivo. Eu realmente não estava bem. E enquanto estava sentada ali no consultório da minha psicóloga de violência doméstica, eu me perguntei se algum dia eu estive de fato bem.

Foi o momento da virada, aquele momento, o momento que foi o começo de uma jornada fenomenal de não somente curar meus próprios abusos, mas ajudar inúmeras pessoas ao redor do mundo a fazer o mesmo. Foi como se alguém finalmente visse além da minha fisionomia, do meu véu perfurado. Eu não podia mais me esconder da dor ou afastá-la. Pela primeira vez em anos comecei a chorar. Eu havia aprendido, muito antes disso, que não era seguro chorar. Era algo que eu não havia ousado fazer perto da minha mãe, pois as consequências sendo demasiado severas.

Até esse ponto da virada, eu tinha vivido numa jaula invisível. Não uma jaula per se, mas uma jaula metafórica. Se você se encontra num padrão abusivo neste momento da sua vida, ou esteve no passado, provavelmente você sabe do que estou falando. É algo com que as dezenas de milhares de pessoas que se conectavam comigo através do meu trabalho e do meu programa de rádio também puderam se identificar – a invisível e muitas vezes indefinível jaula que o abuso cria. É o silêncio opressor a partir do qual nós acabamos nos definindo.

Até aquele ponto, minha vida fora uma saraivada sucessiva de abusos físicos, emocionais e sexuais. Era basicamente tudo que eu conhecia. Hoje, eu posso compartilhar minha história de um lugar de cura inteiramente diferente, tendo em mente que – enquanto eu estou suficientemente consciente dos meus gatilhos emocionais para escolher diferentemente – ainda tenho que usar as ferramentas e técnicas oferecidas aqui nesse momento. Nada acontece da noite para o dia, e é um processo contínuo.

Assim como várias crianças que vivenciaram o abuso, o meu veio de inúmeras fontes. Mas foi a minha experiência com a minha mãe que teve, de longe, o maior impacto.

Quando criança, nos ensinaram a não dizer nada sobre o que passamos ou como nos sentimos. Se o fizéssemos, éramos literalmente espancados e torturados. A raiva da minha mãe era alimentada por um transtorno de personalidade não diagnosticado. Não é coincidência que mais tarde acabei estudando psicologia e que fui eu quem eventualmente o diagnosticou.

Mesmo tendo continuado para conquistar um doutorado, minha percepção sobre minha mãe me levou a crer que eu era de alguma forma estúpida, e foi uma crença que ficou comigo durante minha infância. Nenhuma área da minha vida foi protegida dos seus padrões. Um exemplo foi quando aprendi a escrever. Minha mãe me estapeava na nuca se eu não conseguisse escrever dentro das linhas do papel. Sua atitude sobre meu aprendizado significou que na escolha eu era totalmente introvertida. Sabe a criança que estava sempre sonhando acordada e sozinha? Essa era eu.

Quando penso sobre meu estado emocional lá atrás, a melhor forma de descrevê-lo seria dizer que eu não tive um. Eu aprendi cedo que era mais seguro me desligar. Eu raramente conversava com alguém e era totalmente ausente. Eu me sentava na nossa casa no Brooklyn encarando a lareira, imaginado que as chamas eram demônios vindo me atacar.

Os incidentes que afetaram meu aprendizado escolar eram brandos se comparados a outras questões que enfrentei. Em alguns dos momentos mais ferozes de minha mãe, ela se perdia num surto de raiva e literalmente me batia. Houve vezes que ela me arrastou pelos cabelos pelo chão. Eu molhava minhas calças enquanto ela fazia isso. A minha vida era muito mais semelhante a de um animal em modo de sobrevivência, questionando constantemente se estava seguro a cada momento.

Assim como muitas crianças que enfrentaram apuros como os meus, eu fantasiava continuamente sobre morrer ou sair de casa – qualquer coisa para escapar da tirania da minha mãe. Eu costumava me deitar pensando em todas as formas diferentes pelas quais eu poderia morrer. A única razão para não ter acabado com a minha própria vida era que eu tinha medo demais para seguir adiante com isso. Minha única tentativa de suicídio veio mais tarde na vida, quando tentei ser atropelada por um ônibus. Mas fui malsucedida. Foi como se algo tivesse me puxado de volta, mesmo não havendo ninguém perto de mim. Aquele momento foi um dos maiores gritos de alerta que eu tive na vida – um que me colocou numa jornada de cura e, com tempo, me levou a várias direções. Busquei meu doutorado em psicologia, e eventualmente, fui levada a explorar modalidades alternativas que lidam com o mundo espiritual, incluindo hipnoterapia, xamanismo, Theta Healing e a Access Consciousness®. Cada uma me deu ferramentas e técnicas para mudar minha consciência e seguir em direção à plenitude.

Uma das descobertas mais importantes que fiz neste processo de cura foi a existência da "jaula invisível".

DEFININDO A JAULA

Eu digo que ela era invisível, porque apesar de ter vivido dentro dela, uma prisioneira silenciosa, eu sequer estava ciente de que ela existia. Eu levei décadas para identificá-la, que dirá moldá-la numa mensagem que eu poderia compartilhar com o mundo. E, no entanto, todas as vezes em que falo sobre a jaula invisível com alguém que vivenciou o abuso, um olhar de reconhecimento, com frequente alívio, passa pela face deles. Você pode estar tendo uma experiência semelhante agora à medida que lê estas palavras.

Sua jaula é como um fantasma que continuamente sussurra em seu ouvido. Ela sussurra quando você tem desafios. Mesmo quando a vida é boa, ela não para. Na verdade, nestes momentos é provável que ela fique mais ruidosa, porque viver nos limites da jaula o mantém preso num lugar que lhe é familiar. Há um estranho conforto no confinamento da jaula, por mais que você deseje viver fora dela.

Viver dentro da jaula é viver sem voz. Você pode poder falar e funcionar no mundo, mas há uma parte de você que fica isolada, silenciada e tolhida dessa realidade. Uma parte que vive dentro de você, adormecida, reprimida e anestesiada.

A jaula também transforma cada ponto de conexão que você tem em sua vida em algo destrutivo. Ela o afasta das possibilidades do que você pode gerar e criar, e o limita a uma realidade de "não-escolha".

A jaula é baseada na escassez, limitação e mentiras. Nós colocamos nosso dinheiro e carreiras, nossas decisões de vida, nossos relacionamentos, e tudo mais, na jaula, e agimos e reagimos de dentro dela. Nós afastamos as pessoas. Nós decidimos não escolher uma empreitada de negócios que poderia ser frutífera. Nós rejeitamos relacionamentos que têm o potencial de nos apoiar de formas amorosas e positivas. Perguntamo-nos por que estamos fazendo autossabotagem, quando o que de fato estamos fazendo é operar por meio do que a jaula é desenhada para fazer: lutar com a vida e dizer "não" de um lugar de medo e contração, ao invés de abraçar a vida e dizer "sim" de um espaço de expansão. Tomamos conclusões sobre a vida sem sequer fazer perguntas. Reagimos a partir da nossa experiência de abuso e mantemos a experiência viva como resultado. Podemos, por exemplo, passar por alguém que nunca vimos na rua e imediatamente nos sentir ameaçados e assustados, começar a entrar em choque e não ter a menor ideia do porquê. Acontece que ele estava usando a mesma colônia que o abusador usou quando éramos crianças.

A dor de viver dentro da jaula pode ser tão grande que às vezes escolhemos não habitar lá de modo algum. Nos piores casos, a morte pode parecer a única saída e chegamos a considerar o suicídio. Como muitos que perderam a vontade de viver, eu estava frequentemente rodeada por outros que cometeram suicídio. Isso continuou durante a idade adulta até que experimentei uma transformação monumental de minhas próprias questões.

Geralmente quando não podemos fazer a besta dentro da jaula ir embora, nós ficamos entorpecidos ou "fugimos" para evitar a dor. Com frequência fazemos este tipo de fuga durante o dia, essencialmente vivendo como uma concha de nós mesmos. Podemos usar comida, álcool, drogas ou medicamentos para escapar mais profundamente. Podemos até ter "acidentes" – alguns pequenos, como cortar o dedo com a faca enquanto fatiamos tomates para a salada, ou dar a ré em alguém no estacionamento, e às vezes pior. Estas coisas podem acontecer por que, num nível inconsciente, estamos sabotando a nós mesmos e tentando chamar nossa atenção – para nos acordar. Uma vez que paramos de operar como uma versão ausente de nós mesmos e nos alinhamos com quem verdadeiramente somos, não mais "necessitamos" continuar com esses comportamentos.

A partir desse lugar de entorpecimento e negação, criamos outra camada em cima da realidade existente. O mundo exterior à jaula se molda em torno da percepção daquele que vive a vida dentro dela, e quanto mais o mundo interior é distorcido, mais a nossa percepção do mundo exterior o acompanha. Um filtro mais amplo cobre o mundo, distorcendo-o ainda mais. Entramos em negação. Desligamo-nos de tudo que é certo à nossa frente: relacionamentos com pessoas, dinheiro, mesmo nosso relacionamento com a Terra se torna distorcido dentro da própria jaula. Defendemos a realidade que criamos, porque dentro da jaula, faz sentido fazê-lo, mesmo não podendo explicá-la logicamente.

Um dos participantes do meu programa de rádio descreveu a situação desta forma: "acabei de me mudar para um lugar que amo, com uma pessoa que amo, e ainda assim acordo todos os dias me sentindo triste, assustado e incapaz de fazer qualquer coisa".

É isso que é viver dentro da jaula. Torna-se uma piada cruel quando qualquer que seja a mudança em nossa realidade exterior, nosso ponto de referência permanece o mesmo. Contamos para nós mesmos que "Aqui está uma coisa maravilhosa que eu amo. Aqui está uma nova possibilidade. Mas eu não posso ter isso porque eu estou vivendo da ansiedade do que foi antes".

O ANTIVOCÊ

Eu chamo o que é criado de dentro da jaula de "antivo-cê", porque quando você vive assim, simplesmente não está sendo mais você – o você real. Você é uma versão de si mesmo, mas não seu verdadeiro eu. Por exemplo, quando eu estava acima do peso (física, emocional, mental e espiritualmente pesada), essa era uma versão de mim. A medida que eu encarreguei deste trabalho que estou compartilhando com você e "liberei" o peso (dando leveza a todos aspectos de mim), estou mais perto da minha verdade – meu verdadeiro eu. Você pode nem se parecer com você, porque a jaula também tem uma máscara. Talvez você a sinta cobrindo seu rosto quando se sente ameaçado, ou até possa usá-la o tempo todo, como uma armadura que o protege do mundo do lado de fora.

O "antivocê" tem tantas camadas que pode parecer que você está amortecido. Tudo que você percebe vindo desse espaço nasceu da limitação e escassez. Ao invés de viver da sua capacidade criativa, o que quer que você faça parece repelir e sair pela culatra. Você pode tentar ter relacionamentos a partir deste lugar, mas pode parecer como se você estivesse no centro dele, apertando o botão de autodestruição. É quase como se você vivesse da necessidade de se destruir e de destruir tudo ao seu redor. Parece melhor assim. É como se você recriasse intimamente o que uma vez se passou em seu mundo exterior.

Quando o antivocê é acionado, você se encontra no que eu chamo de "espaço do abuso". Se você é perceptivo, pode até ser capaz de senti-lo na estrutura energética do seu cérebro. Para mim, está localizado em frente às glândulas pituitária e pineal no meu cérebro (eu podia literalmente sentir quando ocorria o gatilho), uma densidade e peso ali que enviavam reverberações pelo meu sistema nervoso autônomo, me preparando para lutar, fugir ou congelar.

Quando estamos no espaço do abuso, tudo à nossa frente é distorcido na velha história do abuso. Inverte em sua cabeça o que acontece no mundo exterior. Vemos coisas que estamos convencidos serem verdade, mesmo que aqueles ao nosso redor neguem terminantemente. O que parece verdadeiro pode ser falso, e vice versa. Encontramo-nos confiando em pessoas nas quais não se deve confiar, e não confiando nas pessoas que poderíamos. Pessoas podem chegar em nossas vidas que representam todas as coisas que continuamente dizemos querer gerar e manifestar, mas nós as afastamos porque envolver-se com elas significaria viver além da jaula e nos sentimos desconfortáveis em fazê-lo.

Achamos que o mundo exterior nos lembra continuamente de um elemento do abuso – um olhar no rosto do nosso namorado, um sentimento de termos sido abandonados, uma sugestão que fizemos algo que pode não ser bom o suficiente – e estamos fora, voltamos direto para o espaço do abuso. Nossa realidade se inverte, e tudo gira em torno de quão mal sentimos que estamos. Tudo parece ser nossa culpa. Batemos em retirada para ainda mais fundo atrás das grades. Ao procurar segurança, o que de fato encontramos é ainda mais isolamento.

A jaula se torna um lugar de julgamento sobre o errado que somos. Carregamos esta sensação de erro, que pertence a nossos agressores, mas que assumimos como nossa e que afasta a conscientização de nós mesmos. Ao fazê-lo, não percebemos o quanto estamos sendo outra pessoa ou respondendo a partir de onde eles nos ensinaram. Neste momento isso se torna uma resposta automática. Somos impelidos a fazê-lo, à medida que assumimos as realidades de outras pessoas como se fossem nossas.

Você pode ter notado que, quando você vive dentro da jaula do abuso, ela reverbera através de todas as áreas da sua vida. Quando você filtra o mundo pelas lentes do abuso, mais disto é atraído até você. Você pode ter descoberto que isto leva a mais autocensura. Talvez você tenha ouvido frases como: "Você cria sua própria realidade". E quando ela se perpetua incessantemente e você não sabe como pará-la, ela acrescenta o sentimento de que há algo de errado com você. É certamente como eu me senti quando criança, quando o abuso vinha até mim de quase todos os ângulos possíveis. Esse mesmo sentimento continuou até a vida adulta, à medida que o abuso continuou se perpetuando de várias maneiras.

Há uma sensação subliminar de que você nunca vai ser a força que você sabe verdadeiramente que é. Tudo o que você faz quando está funcionando a partir deste entorpecimento o impede de ser radicalmente vivo, porque você nunca pode sair inteiramente de debaixo da jaula, o que você define como o erro de você. Se eu tivesse que descrever o que a jaula *realmente* faz, ela o mantém num ciclo perpétuo de "Estou errado. Estou errado, estou errado, estou errado, estou errado". Quando você opera a partir desse lugar, você sempre será vitimizado por tudo.

EXERCÍCIO DIÁRIO: VIVENDO A PARTIR DE UM PASSADO DE ABUSO

Quando não estamos conectados com nossa bondade natural, vivenciamos um tipo de realidade distorcida.

Escreva seus 5 maiores conflitos e desafios. Quantos deles você pode identificar como originários de uma sensação de erro?

PELO QUE VOCÊ PODE ANSIAR – DE VIVER MORTO ...

Muitos de nós aprendemos a viver num estado de entorpecimento quase como uma morte, ao invés de viver radicalmente vivos. Então, como somos mortos-vivos? Uma forma é procrastinar nas coisas que sabemos que se as fizéssemos, elas nos trariam leveza. A razão pela qual não fazemos essas coisas é que, com o abuso, fomos ensinados a acreditar que há algo inerentemente errado conosco. Você foi programado a acreditar no erro de você, e que, não importa o que faça, você sempre sente que vai estar errado.

... A RADICALMENTE VIVO

Quando andamos na neblina, sentimos como se não tivéssemos escolha. Mas como eu disse frequente-mente neste livro, uma das nossas coisas mais valiosas é nossa capacidade de escolher.

E se todos nós escolhêssemos parar de viver como mortos, no piloto automático e na neblina dos nossos hábitos destrutivos? E se nos libertássemos da jaula do abuso reconhecendo que estamos vivendo numa jaula? E se tomássemos ações consistentes para dissolver as grades da jaula, e cruzássemos essa ponte em direção a viver radicalmente vivos?

Quando algo o acorda, você pode escolher fazer algo diferente. Quando quer que você aceite e encarne algo, você se torna isso. Nós podemos escolher encarnar uma realidade totalmente diferente quando se trata do abuso. Todos podemos ser catalisadores para eliminar e erradicar o abuso deste planeta. Não estou falando apenas de abuso sexual. Estou falando de todos os abusos: abuso físico, abuso mental, abuso emocional, abuso financeiro, autoabuso. Não há critério que diga que um é pior do que o outro. Todos levam ao mesmo fim – roubar sua vivacidade. E, enquanto continuarmos a perpetuar esta realidade e a culpar nossos agressores por tudo que adoraríamos fazer e que não escolhemos fazer, então na verdade estamos mantendo o abuso vivo.

E se a maior mentira e a maior enfermidade neste planeta fossem na verdade o julgamento de você, o autoabuso em você, a destruição de você e o esconder do ser que você verdadeiramente é?

CAPÍTULO DOIS: OS QUATRO DS

Se você pensar numa jaula no formato de um quadrado, esses são as quatro paredes que formam as grades. Eles são as paredes que o mantém encaixotado no abuso. Quando você está encaixotado, você realmente não pode criar ou gerar qualquer coisa diferente do que está contido no espaço da caixa. É assim que você acaba incorporando o abuso e se tornando seu próprio agressor e vítima simultaneamente.

NEGAR, DEFENDER, DESCONECTAR E DISSOCIAR

[1]Cada um dos quatro Ds (negar, defender, desconectar e dissociar) representa uma parede da jaula. São mecanismos de enfrentamento autogerados que usamos para lidar com o abuso em nossas vidas. Entender os quatro Ds é como chegar a um acordo com a estrutura da jaula invisível em que você viveu até agora. O objetivo deste livro é derrubar essas estruturas. Isso começa com conscientização sobre como os quatro Ds vêm lhe mantendo trancado em seu modelo atual de realidade.

Nº 1 – NEGAR

Negar é o primeiro dos quatro Ds. Ele tem vários níveis. Não é especificamente negar que o evento ocorreu. Isso pode acontecer, claro, mas quando acontece geralmente é a mente inconsciente compartimentalizando o que ocorreu para que você possa lidar com isso. O tipo de negação a que me refiro é viver a partir da sua cabeça e se desconectar do seu corpo. Eu a chamo de divorciar seu corpo do seu ser.

Quando você divorcia seu corpo do seu ser, muitas

---

i.   N.T.: Quatro Ds, em inglês Denial (Negar), Defending (Defender), Disconnecting (Desconectar) e Dissociating (Dissociar) vezes você pode se ver se sentindo como se vivesse fora do seu corpo. É o que fazem aqueles que foram abusados parecerem distantes ou longe. É uma estratégia de enfrentamento. Pode ter sido aprendida durante o abuso, quando você negou o que estava acontecendo para poder lidar com ele. Depois que o ato abusivo acabou, a negação continua em vários níveis. A forma de sair da negação é voltar para seu corpo. Mas primeiro quero explorar as numerosas e diferentes formas pelas quais a negação pode se manifestar.

Fantasia

A fantasia é uma forma de negação que criamos quando fomos abusados. Criamos mundos de fantasia como uma alternativa para a realidade em que vivemos. Em resposta à minha própria criação com abusos violentos, criei um mundo de fantasia vívida e vital onde tudo era belo. Era como um ideal utópico e em algum nível acreditei que podia fazer qualquer coisa. Eu tinha certeza de que tinha algum tipo de superpoder. É aqui que as ilusões de grandeza que geralmente acompanham os aspectos mais sérios e impactantes aspectos dos quatro Ds, como a dissociação, começam. Na infância, fantasia significa que podemos negar o que é real e refugiarmo-nos nos nossos mundos imaginários.

Na minha recuperação, tive que olhar para como eu havia distorcido a fantasia e a fundido com a realidade. Por exemplo, eu idolatrei meu pai e o coloquei num pedestal. Ele era meu herói – brilhante nos negócios e em ganhar dinheiro, e muita diversão para começar. Isto foi em contraste com minha mãe, a quem eu odiava porque, quando ele vinha pra casa, tudo que eles faziam era brigar, e ela o botava pra fora. O que eu não sabia na época era de suas infidelidades, de seu uso de drogas ou de seu uso excessivo de álcool. Eventualmente vim a entender que tudo o que não está nessa realidade é uma fantasia. Viver dessas fantasias enjaula você na negação e distorce ainda mais a realidade a seu redor.

Um exemplo de como as pessoas se abrigam num mundo de fantasia é acreditar que a vida delas será perfeita uma vez que elas ganhem na loteria. Elas podem até se abrigar numa fantasia futura de todas as coisas que elas farão quando ganharem na loteria. Embora isso aconteça para muitas pessoas que não sofreram abuso, esta tendência de se abrigar numa fantasia futura e viver fora do momento presente pode ser mais forte de dentro da jaula, e é uma parte grande da negação.

Tudo que criamos em fantasia e não manifestamos na realidade acaba nos limitando. No nosso mundo de fantasia, criamos a carreira que desejamos, o relacionamento que queremos, o carro que queremos dirigir, onde queremos viver. Lá tudo é maravilhoso. Porém nossa realidade está em claro contraste com isso. Nós nos negamos o que verdadeiramente queremos (talvez por nunca agirmos ou fazermos um plano concreto), mas também não estamos presentes com o que já temos. Não podemos nem aceitar nem apreciar isso. Então a negação está se manifestando em diversos níveis.

Dois Níveis de Negação

Dependendo da severidade do trauma ou das questões abusivas com que uma pessoa lida, a negação se manifesta em dois níveis.

Ligando e desligando a negação. Se este é o seu caso, então você sentirá que às vezes vive no mundo real e às vezes vive na fantasia. Algo acontece e você voltará à jaula da negação. Pode aparecer em áreas importantes da sua vida como dinheiro, relacionamentos, ou saúde.

Se você caiu nesse grupo, você pode ter trabalhado muito nas suas questões com abuso até agora. Talvez você já tenha entendido que você pode ser levado a se sentir encaixotado por um evento. Isso não o domina mais como costumava fazer, e você ainda tem poder. Você sabe que é possível mudar isso, e você dá o seu máximo para fazê-lo. No entanto, alguns traços da jaula ainda permanecem.

Vivendo o tempo todo na negação. Este grupo geralmente constrói uma fortaleza impenetrável a seu redor. A jaula é tudo que eles conhecem. Eles não conseguem ter noção ou sentir um mundo além disso. As paredes da jaula são altamente definidas e elas nunca ruem.

Para este grupo, a realidade é moldada e distorcida de dentro da fortaleza. Esse foi o caso de alguém que me mandou uma mensagem de Facebook antes de eu começar a ensinar numa classe, dizendo que era suicida. Para esta pessoa específica, as paredes da jaula eram muito densas. Estava claro para mim que ela estava encaixotada. Isso vem com uma sensação de que tudo é finito. Há geralmente uma conclusão de que há somente uma escolha.

Transferindo a Negação para Outra Coisa

Eu trabalhei com uma senhora que havia sido estuprada. Ela me disse que não estava tão chateada por ter sido "sexualmente abusada", mas estava mais chateada porque seu casaco fora arruinado durante o estupro, e ela não podia conseguir outro. Você pode notar que ela menciona o estupro como abuso sexual, que é outra camada de negação.

Eu entendi imediatamente que ela estava em negação. Seria fácil julgá-la quando ela disse que era sobre o casaco. O que eu entendi é que o problema para ela era o casaco. Ela havia transferido a raiva para o casaco *e* não tinha o dinheiro para comprar outro. Esta era a forma da sua negação: sua mente se focou no que aconteceu com o casaco, não no que aconteceu com ela.

Uma das chaves para entender a negação é reconhecer onde você está. Geralmente meus clientes e participantes de workshops acordam para o fato de que eles estiveram vivendo em negação e pode ser um baita choque no princípio. Encontrar onde você está vai abri-lo para começar a quebrar qualquer negação que você venha vivenciando.

EXERCÍCIO DIÁRIO: DESCOBRINDO ÁREAS DE NEGAÇÃO

Fantasias podem ser histórias que criamos sobre uma situação para provar o que pensamos – e como vemos algo como verdadeiro (quando na verdade é mentira), então continuamos negando.

Considere qualquer lugar em que você esteve se abrigando na fantasia ao invés de viver no momento presente.

Você está operando a partir de qual nível de negação? Você vive em negação 24 horas por dia, 7 dias por semana, ou se vê entrando e saindo da negação?

Você esteve transferindo o ato do abuso para outra coisa ou não o esteve chamando do que é? De que tipo de apoio você precisa para poder nomear o que você vivenciou?

Nº 2 – DEFENDER

O segundo dos 4 Ds é Defender. Defender é possivelmente o mais óbvio dos 4 Ds para identificar, pois frequentemente é uma retaliação imediata a algo ou a alguém em nossos mundos externos.

Defender é a expressão externa da nossa perturbação interna. Pode se mostrar como um surto de defesa ocasional. Mas para muitas pessoas é uma postura de hipervigilância, 24 horas por dia, 7 dias por semana. Pode ser como uma animal enjaulado e constantemente cutucado com uma vara. Defender é a expressão externa do seu medo. Sua mensagem predominante é: "não chegue perto de mim ou eu vou matar você".

O Porco-Espinho Invisível

Você alguma vez se vê ficando irritadiço quando alguém vem na sua direção? Um dos maiores sinais de se defender é o que eu chamo de sendo o 'porco-espinho invisível'.

Em algum momento da sua vida o mundo não era seguro para você. Então você criou 'espinhos' numa tentativa de se proteger. Quando você era mais jovem, provavelmente em algum nível você esperava que os espinhos o manteriam longe do abuso. Mas agora eles também mantêm o amor, dinheiro e tudo mais a uma distância segura. Mesmo que você os tenha criado para protege-lo, eles acabaram distorcendo ou deformando tudo o que está à sua frente.

Este fenômeno do porco-espinho invisível significa estar com a guarda erguida e hipervigilante tanto externa quanto internamente, o que pode facilmente criar algum tipo de exaustão, assim como um distúrbio das glândulas suprarrenais ou uma doença autoimune.

Mesmo que você externalize o porco-espinho invisível, e ele com frequência aparece como defesa, você pode se descobrir internalizando-o. Esses espinhos podem se virar para dentro para penetrar sua bondade, sua gentileza, sua generosidade de espírito e sua gratidão. Isso leva a mais expressões externas de cinismo, acompanhadas de depressão, ansiedade, problemas psicológicos, problemas de saúde, problemas financeiros.

Mesmo que a defesa do porco-espinho tenha começado a funcionar para você quando era mais jovem, mais tarde na vida ela se torna entranhada como um programa ou um sistema condicionado de resposta, que, na verdade, serve para impedir você de viver seus sonhos. Os espinhos bloqueiam você de receber a vida que você deseja, pois parece perigoso demais receber isso. Usar esta defesa se torna uma faca de dois gumes que o cutuca tanto interna como externamente.

Para mim, receber sempre significou julgamento. Também significou fazer o que minha mãe dizia, pois então ela não bateria em mim. Receber significava ser e viver a realidade dela com um desejo desesperado de nutrição. Eu queria receber dela, mas em todas as vezes em que eu o fiz, não era o que eu desejava, o que fez os espinhos do porco-espinho ficarem mais fortes, ambos interna e externamente. O resultado foi que fiquei mais defensiva.

Derretendo a Defesa

A defesa pode ser derretida com bom humor. Isso permite que a postura hipervigilante que acontece 24 horas por dia, 7 dias por semana, saia por trás para fazer uma pausa para o café. Muito espaço e permissão também são necessários para deixar o sistema nervoso relaxar.

Pense no vídeo que você deve ter visto no YouTube em que um cachorro foi negligenciado e abandonado. Primeiro, ele pode se defender latindo e rosnando. Mas então quando lhe é mostrado alguma gentileza, suas defesas começam a ruir. Esse é o tipo de abordagem que você precisa tomar com seu porco-espinho interior e com seu estado de defesa. Você pode também precisar de um outro ser humano para facilitar habilidosamente com você para que os espinhos caiam.

EXERCÍCIO DIÁRIO: SEU PORCO-ESPINHO INTERIOR

Com que frequência você se vê respondendo defendendo-se impulsivamente e em que intensidade?

Há momentos em que você antecipa a rejeição para então se proteger do 'dano'? Que tipo de situação, pessoa ou comentário desencadeia seu porco-espinho interior?

Quais histórias você contou sobre receber que o mantêm com os espinhos armados, erguidos, e prontos para defender?

N° 3 – DESCONECTAR

Desconectar é um estado constante de separar sua mente do seu corpo, seu corpo da sua mente. É um estado generalizado de se divorciar do seu relacionamento consigo.

Quando você está desconectado, você frequentemente se vê comendo para preencher uma necessidade emocional, ao contrário de comer porque você está com fome. Tudo na sua vida será fabricado para ajudar a evitar sobre o que de fato é a questão. Você se verá escapando, e desenvolvendo um espaço completo para as distrações que lhe permitem fugir cada vez mais.

Você aprendeu a desconectar-se no ato do abuso. Foi a forma de o seu corpo compartimentalizar o ato para que você não tivesse que estar presente enquanto você vivenciava isso. O problema é que você continua a fazer isso depois do evento, porque estar conectado ao seu corpo pode significar que o corpo se lembra do que você sentiu ou experimentou. A estratégia que o manteve seguro pode se tornar a estratégia que o distancia de experimentar possibilidades de nutrição, até mesmo de alegria, com seu corpo.

Quando você se desconecta, você pode ter a sensação de estar fora do seu corpo. Muitas pessoas que estão desconectadas devido a atos de abuso dizem que elas se sentem como se não pudessem sentir os pés no chão, ou têm a sensação de viverem fora de seus corpos. Isso pode fazer você se sentir como se vivesse dividido. Você está aqui, mas ao mesmo tempo você não está. Você pode ser capaz de funcionar no mundo, mas outras pessoas podem ter a sensação de haver algo um pouquinho estranho a seu respeito. Em contrapartida, se você encontra alguém que está desconectado, parece que você está conversando com eles, mas eles estão vagos ou distantes.

Se você vive desconectado, provavelmente tem uma gama de estratégias para capacitá-lo a fazê-lo. Lembre-se, é apenas seu corpo tentando te manter a salvo de sentir o que sentiu quando vivenciou o abuso. Quer se entorpecendo com comida, álcool, compras, drogas, ou medicamentos, você pode se pegar buscando formas de se ajudar a se desconectar, especialmente se quando você se conecta com seu corpo ele fica desconfortável.

Outra coisa que você pode descobrir que você faz quando vive desconectado é alterar constantemente suas percepções. Quando você vive longe ou fora de si mesmo, você perde contato com seu eu autêntico ou sua conexão original com o que é verdadeiro para você. Você pode se pegar dizendo não quando quer dizer sim, e vice-versa. Talvez você ria quando algo é triste e chore quando algo é alegre. É como se tudo ficasse invertido. Mas numa observação ainda mais profunda, você pode descobrir que desenvolveu o que poderia ser considerado um senso de humor distorcido em torno do abuso. Eu notei que algumas pessoas fazem piadas quando falam sobre o fato de terem sido estupradas. Se você vem fazendo isso, é um mecanismo de defesa que lhe permite permanecer desconectado.

Divorciando-se de Si Mesmo

Um dos meus programas de rádio era chamado: *Choosing to Stop the Craziness of Divorcing Yourself*[*2]. Eu o apresentava junto com Gary Douglas, o criador da técnica conhecida como Access Consciousness®. O que o Gary destacou no programa é como nós acabamos comprando o que nos foi dito sobre abuso. Nós fomos programados a acreditar que somos vítimas do abuso. O desfio é, quando operamos a partir da mentalidade de vítima, nós acabamos encaixando a energia do abuso. No programa, Gary enfatizou:

O negócio sobre o abuso é que uma vez que você tenha sido abusado, você tenderá a trancá-lo em seu corpo, porque foi seu corpo foi que vivenciou o abuso. Nós aprendemos a tornar isso muito real, importante e significativo, achando

---

2. *N.T.:*Escolhendo Parar a Loucura de Divorciar-se de Si Mesmo em tradução livre*

que acabará tornando as coisas melhores. Na verdade não tem esse resultado.

Nós tornamos o ato do abuso significativo e relevante, e focamos toda a nossa atenção nele. Como não sabemos o que mais fazer, ele fica trancado dentro de nós. Nós o revivemos diariamente. Como resultado, nós estagnamos ao invés de criar. Nós permitimos que ele nos defina quando, na realidade, é uma oportunidade de fazer uma escolha diferente, uma escolha que nos empodera e nos conecta ao nosso brilhantismo além do(s) ato(s) do passado, e reconhece o que aprendemos.

No programa, Gary também destacou como somos programados a acreditar que nossas experiências são a coisa mais valiosa a nosso respeito. E, no entanto, a coisa mais valiosa a nosso respeito é a nossa capacidade de escolher. Uma das estratégias para curar o abuso é não mais se definir a partir dele. Para fazer isso você precisa parar de se divorciar e de se desconectar de si mesmo.

Como Quebrar A Desconexão

Para interromper o padrão de desconexão de si mesmo, você primeiramente precisa buscar e reconhecer as estratégias que você esteve usando para se desconectar. Qualquer coisa que o leve de volta ao corpo o fará sentir-se mais conectado. Mas, antes de tudo, você tem que estar o.k. sobre estar no seu corpo, porque a estratégia de desconexão está aí por uma razão. Então, quando precisamos olhar para as crenças às quais que você esteve se apegando sobre o abuso que o levaram a se divorciar de você. Se eu sugerir que você pare de se entorpecer com comida ou outras distrações, mas você não tiver encarado a razão subliminar pela qual você está fazendo isto, então é improvável que você possa apenas voltar para seu corpo.

Este livro é feito para abrir uma conversa inteiramente nova sobre se mover para além do abuso. Uma das coisas que almejamos aqui é ajudá-lo além da mentalidade de vítima e fora dos pontos de vista fixos que você tem para definir a si mesmo através do abuso. Em perspectiva, essa mudança pode pavimentar o caminho para você se reconectar consigo mesmo.

EXERCÍCIO: IDENTIFICANDO FORMAS PELAS QUAIS VOCÊ SE DESCONECTA

Como a desconexão aparece no seu corpo? Você se sente como se tivesse abandonado seu corpo quando você se desconecta ou se retrai para uma certa parte dele? Para onde você vai? A desconexão parece constante, ou você a liga e desliga?

Quanto de sua identidade foi formada em torno do fato de ter sido vítima de abuso? A quais respostas condicionadas você está se apegando em seu corpo que o mantêm preso ao seu modelo atual de realidade?

Nº 4 – DISSOCIAR

A forma mais difusa dos 4 Ds é a dissociação. Isso acontece quando o abuso fica tão trancado no corpo que se torna o lugar a partir do qual funcionamos. Estamos trancados dentro da jaula do abuso e vivemos a partir de lá. É um estado extremo e constante de hipervigilância, a partir do qual filtramos nossa realidade. Parte de vocês vive constantemente no 'teto' ou em outro mundo. Com frequência se manifesta como alguma condição de saúde, como transtorno do estresse pós-traumático (TEPT).

A dissociação é um estado constante de estar congelado ou entorpecido. Por causa dos altos níveis de hormônios do estresse circulando no sangue quando vivemos nesse estado, ela tem o potencial de desencadear problemas crônicos de saúde física se permanecermos nesse estado ao longo do tempo. Isso também pode levar a mais doenças psicológicas graves e a transtornos de separação. Em casos extremos, pode causar múltiplas personalidades, um assunto fora do escopo desse livro.

Em resumo, os 4 Ds constituem as paredes da jaula invisível que nos prende no abuso do nosso passado, e que nos impede de escolher viver como desejamos nesta realidade. Negar, defender, desconectar e dissociar são as paredes que nos mantêm encaixotados, e, quando você está na sua jaula, você não pode criar ou gerar qualquer coisa diferente daquilo que está no espaço da caixa. É assim que o abuso se volta para dentro e você se torna seu próprio agressor e vítima simultaneamente.

A fantasia que você cria pode às vezes parecer melhor do que a vida que de fato você está vivendo quando ainda está lutando com abuso. Parece seguro, trancafiado na jaula. É necessária uma tenacidade de consciência para olhar para o mundo da fantasia que você criou, e desafiar a si mesmo a criar além dele. Agora vamos dar uma olhada nas emoções específicas que acompanham a vida na jaula.

CAPÍTULO TRÊS: AS EMOÇÕES DO ABUSO

Neste capítulo vamos explorar as emoções familiares ao abuso. Você pode se reconhecer em algumas ou em todas elas. Até agora, você pode não ter articulado o que elas são. Elas são parte da sombra que perdura no fundo, geralmente sem nome ou sem voz. Uma vez que nós as identificamos elas começam a perder seu poder. Elas não têm mais o mesmo poder sobre nós.

Tornar-se mais ciente das emoções é parte do processo de ir em direção à Vivacidade Radical. Uma vez que você comece a articular e identificar as emoções que você esteve vivenciando, você pode começar a se mover além delas e em direção a estados mais eficazes de emoção que ressoam com ser poderosamente potente e radicalmente vivo.

Emoções e Harmônicos

Cada emoção tem uma vibração diferente. Emoções baixas operam numa frequência baixa. O oposto é verdade para as emoções mais altas. Nós entendemos isso intrinsecamente como seres humanos, e é por isso que dizemos que nos sentimos "pra baixo" quando estamos em estados vibracionais mais baixos e "pra cima" quando estamos nos mais elevados.

Nesta realidade, nós temos a escolha de operar a partir de um estado harmônico mais baixo ou de um estado harmônico mais alta. Quando operamos a partir de um estado harmônico mais alto, estamos vivenciando a vida através da consciência, ao invés de através de nossos gatilhos, padrões e programas. Você pode ter vivenciado momentos ou períodos neste lugar. A vida é um fluxo mais livre e harmonioso. As emoções mais baixas nos fazem nos sentir separados e isolados, enquanto nas mais altas nos lembramos que não há separação entre nós e o universo.

Sentimentos e emoções são parte do estado harmônico mais baixo dessa realidade. Nós ficamos presos neles, e não nos foi ensinado que eles são uma escolha. Na verdade, somos programados para acreditar que somos vítimas das nossas emoções, e que surfamos a onda delas, sentindo como se elas estivessem além do nosso controle.

Como mencionamos antes, existem algumas emoções predominantes que perduram após o abuso. Frequentemente ficamos presos nelas, juntamente com as frequências harmônica mais baixas que elas representam para nós. Quando nos trancamos nesses estados emocionais, nós nos degradamos a uma energia, espaço e consciência que é o inverso do que verdadeiramente somos. Essas emoções nos mantêm trancados nos 4 Ds, especialmente no negar e defender. De dentro de nosso estado emocional harmônico mais baixo, atacar torna-se corriqueiro para nós, e o ciclo então se aprofunda. Nós nos movemos por estes estados, confundindo-os com nossa realidade fixa. Eles se tornam habituais, porque quanto mais ressoamos com uma certa frequência, mais forte e familiar ela se torna para nós. Esta é uma das razões pelas quais às vezes permanecemos em nossa zona de conforto, que na verdade é a nossa zona de "desconforto". A ressonância disso, independentemente de ser dolorosa, é familiar e nós aprendemos a aceitar e a conviver com isso.

Essas emoções também significam que resistimos e rejeitamos a vida – na verdade elas são o combustível para esta resistência, afetando a saúde física, os relacionamentos e as finanças. Por mais desafiador que pareça encará-las, faz parte do processo de recuperar sua verdadeira essência e eu, e o coloca na estrada para viver radicalmente vivo ao dar-lhe o poder para escolher. Quando você não está sendo dominado por suas emoções, a vivacidade radical se torna sua vibração naturalmente alta.

Vergonha

A vergonha é outra barreira contra a sorte porque nos faz sentir não merecedores de boa sorte – amor, felicidade e sucesso. A censura também limita a sorte, pois nos mantém vivendo no espaço do passado, ecoando em torno dos campos da censura e não estando presente no aqui e agora onde a sorte acontece.

— GAY HENDRICKS E CAROL KLINE,
CONSCIOUS LUCK

Há uma diferença entre culpa e vergonha quando se trata de abuso. Culpa é "eu cometi este equívoco e me desculpo". Você segue em frente. Enquanto vergonha é "Eu *sou* um equívoco". Então em muitas vezes em que alguém tentar além de seu abuso, ele realmente tem que ir além da vergonha da crença de que ele é errado ou falho. Era a situação, o ambiente, a pessoa que fez a agressão que eram falhos de alguma forma. Ele tinha algo em suas programações que o estava levando a agir desta forma. E você tomou a história dele como sua identidade.

A vergonha é a emoção mais familiar no abuso. É gerada a partir de todos os segredos que você escondeu sobre o abuso. Podem ter lhe dito para esconder o abuso dos outros ou ter-lhe ameaçado com alguma consequência se você contasse a verdade. Alternativamente, o abuso pode ter sido realizado de uma forma que não foi discutida ou articulada. Isso aconteceu e foi normalizado na sua situação de vida, mas uma parte mais funda sua não sabia como expressar o que aconteceu, e descobriu que encontrava julgamento ou alegações de que você estava mentindo. Situações onde o abuso foi exprimido e lidado compassivamente são menos comuns porque, em várias situações familiares, se o abuso é admitido e assumido, então algo tem que mudar. Casamentos se rompem. Amados vão para os tribunais. Com frequência é bem mais "fácil" para as pessoas cortar suas consciências e negar o que aconteceu do que encarar as consequências da verdade.

Então, a vergonha do abuso se volta para dentro. Você se sente como se estivesse danificado ou defeituoso. Seu padrão para o erro que é você. Você se torna o segredo, e, ao fazê-lo, você não pode mais se tornar você.

A piada cruel sobre a vergonha é que noventa por cento do que você está escondendo, na verdade você esconde de si mesmo, porque é isso que você foi programado para fazer. Para aguentar o segredo, você o vira para si em uma forma distorcida de negação. Isso significa que você não pode mais estar em comunhão consigo.

A vergonha se manifesta como um peso e uma densidade dentro de você. Você anda por aí com seus olhos no chão, e sua cabeça pendendo para baixo. É como viver numa carranca e ocorrer uma mudança e um repuxar do rosto quando ela é acionada.

A vergonha também distorce quem você é por dentro. Você não pode ter a intimidade verdadeira (in-to-me-i-see)*[1] quando você anda por aí numa nuvem de vergonha. A cada interação você sabe que não está sendo o seu eu autêntico, o que em resposta, cria mais vergonha e o leva a se esconder ainda mais. O ciclo continua, trazendo a jaula do abuso o tempo todo para mais perto de você.

---

1. N.T.:* Em inglês intimidade, *intimacy*, se desconstrói em: "*in to me i see*" que seria: dentro de mim eu vejo.

Aqui está a piada cósmica da vergonha: você passa sua vida inteira mantendo-a presa em seu corpo, abrindo-se para todo tipo de doença (física, mental, emocional e espiritual) somente para escondê-la para que ninguém saiba que você teve essa experiência. E no entanto a maioria das pessoas no planeta também está escondendo alguma coisa!

Então como você enfraquece as soldas da censura? Uma das melhores formas é participar de conversas reais sobre isso – mover-se além do segredo em torno do abuso.

Sua História e Censura – O Que Isso Significa para Você e sobre Você?

Às vezes quando trabalho com pessoas para facilitar a mudança, tenho que retroceder um pouco e acompanhá-las através do que aconteceu, para ir além do abuso. Isso inclui possuir, reivindicar e reconhecer o que eles acreditaram que suas histórias significaram para eles e sobre eles, e como eles ainda estão vivendo isso hoje. Para muitos dos meus clientes, ser abusado, sexual, física ou emocionalmente traz sentimentos de ser um artigo danificado.

Entender como você está interpretando sua história e censura – o que significa para você e a seu respeito – pode lhe ajudar a começar a definir uma nova escolha e a criar uma nova história. Isso o ajudará a ver como o significado que você atribuiu a isso limita o futuro que você poderia estar vivenciando – mais propriamente alegria, felicidade e liberdade. Basicamente todas as vezes em que eu levei alguém pelos apegos às suas histórias, a cola que mantém a coisa toda unida é a vergonha e a identificação com a mesma, o que eles por sua vez, acreditam ser quem verdadeiramente são.

Você não é sua vergonha. É apenas algo que você se acostumou a sentir.

Este livro não é sobre julgamentos. É sobre unidade. É sobre realmente usar esta conversa como um alvo para eliminar o abuso, o que inclui reconhecer que nossos abusadores estavam operando também a partir de seus programas, e ajudando-os, em um nível energético, a ir também além do abuso.

"se você é uma das muitas pessoas que têm uma questão com seus pais, se você ainda guarda ressentimento sobre algo que eles fizeram ou que não fizeram, então você ainda acredita que eles tiveram a escolha – que eles poderiam ter agido diferentemente. Sempre parece que as pessoas tiveram escolha, mas isso é uma ilusão. Enquanto sua mente, com seus padrões de condicionamento, gerenciar sua vida... Que escolhu você tem?"

— *ECKHART TOLLE, O PODER DO AGORA*

Enquanto nós mantivermos a vergonha, manteremos o abuso. Enquanto nós mantivermos a história não revelada, manteremos o abuso em nossos corpos. Quando nos identificamos com a vergonha, nós a trancamos em nossos corpos. E quando o fazemos, nós nos deixamos expostos às enfermidades e a uma vida de possibilidades limitadas. Permanecemos trancados em nossas jaulas, e isso torna a situação do abuso seu deus, ao invés de você ser seu próprio deus. Eu não estou, obviamente, me referindo à "Deus" num sentido religioso, e sim apontando para o poder que você tem de criar a sua realidade.

EXERCÍCIO DE ENERGIA: LIBERANDO A CENSURA E O JULGAMENTO

Este exercício libera toda energia que você tem em torno da vergonha, juntamente com qualquer percepção de que você é um produto falho ou danificado. Seja como for que você a sinta, quando for que a sinta, e com quem seja que você continue a senti-la, você pode liberar a vergonha – incluindo todos seus segredos ou agendas ocultos, não ditos, não reconhecidos ou não revelados – para dentro da Terra.

Usando seus dedos, imagine-se reunindo a energia da vergonha começando pelos seus pés até o topo da sua cabeça, na frente e nas costas do seu corpo. Descarte para a Terra à sua frente e diga em voz alta: "NÃO, CHEGA DE ABUSO. É MEU CORPO E MINHA ESCOLHA! MEU DIREITO!" Faça isso pelo menos 3 vezes enquanto imagina a energia se dissipando e liberando para dentro da Terra. Você também pode fazer isso com a raiva, tristeza e outras emoções.

Em seguida, observe qualquer aumento ou efeito positivo na sua energia.

TRISTEZA

A tristeza é a raiva voltada para dentro. Você não teve a chance de externá-la, então você a dirige contra si mesmo.

Quando você convive com a tristeza, você está realmente convivendo com a consciência de vítima. É a areia movediça que o mantém preso e incapaz de se mover. O desafio com a tristeza é que as projeções da sociedade sobre ser difícil de curar o abuso reforçam a tristeza.

Quando estamos tristes devido ao abuso, estamos operando a partir da crença de que isso não deveria ter acontecido conosco. Há uma falsa noção perpetuada pela forma pela qual comumente enxergamos o mundo de que não deveria haver desafios na vida. A crença inclui a suposição de que a vida deveria ser suave e contínua. Quando estamos operando através desse filtro, coisas acontecem conosco e nós sentimos que de alguma forma fomos enganados na vida. Quando olhamos para o abuso através das lentes das consciências das vítimas, ele se torna a pior coisa que poderia acontecer a um ser humano, e perdemos nossa capacidade de usar o abuso como uma experiência de vida transformacional.

Quando estamos emperrados na tristeza, não sentimos que temos uma escolha, porque estamos operando a partir da visão de que nunca podemos superar isso.

Na psicologia, a habilidade de ver nossa experiência como de alguma forma benéfica para alcançar o mais alto potencial é chamada de "Crescimento Pós-Traumático". Ele nos permite considerar que crescemos mais fortes e enriquecidos através dos nossos desafios. Não podemos vivenciar dessa forma quando estamos olhando para eles como um erro.

EXERCÍCIO DIÁRIO: PONTOS DE REFLEXÃO

O quanto você esteve operando a partir do estado emocional da tristeza? Quais tipos de situação são gatilhos para ela? Como ela aparece? Qual é a sensação no seu corpo?

Você pode reconhecer a sensação de impotência que acompanha essa emoção?

Quais são os pensamentos familiares que você vivencia quando entra no estado de tristeza?

Uma vez completado este exercício, você pode repetir o exercício energético acima, Ao invés de censura e julgamento, desta vez libere a emoção da tristeza.

Usando seus dedos, imagine-se reunindo a energia da tristeza começando pelos seus pés até o topo da sua cabeça, na frente e nas costas do seu corpo. Descarte para a Terra à sua frente e diga em voz alta: "NÃO, CHEGA DE ABUSO. É MEU CORPO E MINHA ESCOLHA! MEU DIREITO!" Faça isso pelo menos 3 vezes enquanto imagina a energia se dissipando e liberando para dentro da Terra.

Em seguida, observe qualquer aumento ou efeito positivo na sua energia.

Como observação, fazemos isso com a Terra porque a Terra é muito vasta e não tem julgamento. O que mais você conhece neste mundo em que um incêndio pode irromper em uma floresta e queimá-la e, um ano depois, ela está florescendo novamente? Verde. Essa é a terra e é por isso que dissipamos e dissolvemos os abusos contra a terra. Nós a usamos como fertilizante para que algo novo floresça.

RAIVA E FÚRIA

A raiva pode ser a fonte de uma energia de força vital, e quando é expressada com foco, pode lhe ajudar a ir além do seu estado atual. Entretanto, quando não é utilizada eficazmente, é mais como beber um veneno que lhe mantém em um estado de dúvida e desconfiança.

A fúria é a raiva voltada para você. É uma energia matadora incontrolável e a explosão externa do seu clima interior. É a ruptura do vulcão interior do "eu odeio tudo isso". Quando você vive num estado permanente como este, geralmente você alterna entre depressão e fúria. Do ponto de vista bioquímico, há apenas um período curto em que você pode aguentar a raiva antes de aumentar os níveis de cortisol e reduzir os níveis de DHEA em seu corpo, porque é um nível alto de estresse. Isso pode levar a oscilações emocionais, com longos ataques de depressão, nos quais o corpo não pode mais sustentar a raiva, antes de alternar para a raiva novamente. É um ciclo altamente desgastante que distorce a nossa percepção da realidade, levando-nos apenas a ver o que acreditamos estar acontecendo, mesmo quando as pessoas ao nosso redor tentam nos mostrar ou nos dizer o contrário. Aqueles que estão vivendo este ciclo são frequentemente julgados por outros como sendo "amargos". Pode ser uma frequência desafiadora para estar por perto porque a tração da raiva é muito forte.

Uma das coisas que podemos fazer é pegar essas formas mais tóxicas de raiva e transformá-las numa ferramenta para a mudança. Pode ser necessário um facilitador qualificado para ajudá-lo a navegar pela raiva e a usar essa energia como uma ferramenta para a transformação. Se você esteve funcionando a partir de um lugar de raiva, pode se sentir bem às vezes, ou pelo menos preferível à depressão, porque algo está se movendo quando você expressa sua raiva.

A habilidade aqui é poder mover esta energia em uma direção que esteja lhe servindo, ao invés de em uma direção que esteja reforçando seus desafios.

O primeiro passo para isso é reconhecer e identificar se você foi enredado no ciclo da raiva.

EXERCÍCIO DIÁRIO: PONTOS DE REFLEXÃO

O objetivo aqui é distinguir cada emoção para que você possa separá-las, e deixar seu corpo ser seu aliado.

Coloque sua mão na parte do seu corpo que sente raiva. Agora coloque sua mão na parte do seu corpo que sente fúria. Você pode determinar a diferença ou similaridade entre a raiva e a fúria? Qual tem sido a mais predominante para você?

Você se viu alternando entra fúria e depressão?

Você vivenciou usar a raiva para expressar seu ponto de vista?

Você pode determinar a diferença entre a potência da raiva e uma explosão de fúria?

Tendo completado este exercício, você pode repetir o Exercício Energético acima, mais uma vez usando agora as emoções de raiva e fúria.

Usando seus dedos, imagine-se reunindo a energia da raiva e da fúria começando pelos seus pés até o topo da sua cabeça, na frente e nas costas do seu corpo. Descarte para a Terra à sua frente e diga em voz alta: "NÃO, CHEGA DE ABUSO. É MEU CORPO E MINHA ESCOLHA! MEU DIREITO!" Faça isso pelo menos 3 vezes enquanto imagina a energia se dissipando e liberando para dentro da Terra.

Em seguida, observe qualquer aumento ou efeito positivo na sua energia.

MEDO

O medo é um estado em que você fica preso, congelado e entorpecido. Quando você vive com medo, você está indo contra a corrente e para uma zona de destruição. É um sistema de resposta automática em que você continuamente se prepara para a coisa em seu mundo externo que parece que pode ser traumática.

Quando você vive com medo, alguém sempre vai se meter com você, ferrar com você, aproveitar-se de você, machucá-lo, rejeitá-lo ou abandoná-lo. Geralmente não tem nada a ver com a pessoa à sua frente e muitas vezes você se encontra projetando sua versão da realidade sobre elas.

Quando você vive num estado perpétuo de medo, você nunca pode estar presente.

O medo quase sempre envolve ir para o passado como seu ponto de referência para o que aconteceu antes e projetá-lo no seu futuro.

EXERCÍCIO DIÁRIO: PONTO DE REFLEXÃO

O quanto você vem funcionando a partir do medo? Coloque sua mão na parte do seu corpo que sente o medo.

Que tipo de situação o desencadeia? Como ele aparece? Como o medo se sente em seu corpo?

Você pode se notar voltando para o passado e então procurando coisas semelhantes no presente? Você procura evidências no presente de que as coisas vão dar errado?

Quais estratégias você pode estabelecer para usar quando o medo começar o ciclo?

Uma vez completado este exercício, você pode repetir o Exercício Energético acima, novamente substituindo desta vez a emoção pelo medo.

Usando seus dedos, imagine-se reunindo a energia do medo começando pelos seus pés até o topo da sua cabeça, na frente e nas costas do seu corpo. Descarte para a Terra à sua frente e diga em voz alta: "NÃO, CHEGA DE ABUSO. É MEU CORPO E MINHA ESCOLHA! MEU DIREITO!" Faça isso pelo menos 3 vezes enquanto imagina a energia se dissipando e liberando para dentro da Terra.

Em seguida, observe qualquer aumento ou efeito positivo na sua energia.

Em resumo, viver nas emoções do abuso é funcionar a partir dos harmônicos mais baixos. Para viver radicalmente vivos e funcionar a partir dos estados harmônicos mais elevados, temos que primeiro reconhecer que temos vivido nas emoções de abuso e associados a certas frequências emocionais que conseguimos normalizar.

Agora vamos considerar como viver na jaula do abuso e funcionar a partir desses estados emocionais têm impactado várias áreas de sua vida. Mais adiante neste livro vamos explorar como você pode transformar estas emoções para que você possa viver radicalmente vivo.

PARTE DOIS: LUTANDO NA JAULA

4
———

CAPÍTULO QUATRO: A
CONTINUAÇÃO DO ABUSO

Quando isso vai acabar?

Foi uma pergunta que fiz muitas vezes na minha vida. No entanto, na verdade, não sabia se um dia acabaria. A miríade de abusos que vivenciei em várias formas durante toda a minha vida parecia se multiplicar com o passar do tempo. Quanto mais escalonou, mais eu estava convencida de que havia algo de errado comigo, cada novo evento parecendo confirmar o modelo da realidade em que eu operava, que supunha que eu era falha de alguma forma.

O que eu sei agora, e que não entendi na época, é que quando estamos operando dentro da jaula do abuso, ele continua se perpetuando, e não sabemos como pará-lo. Você pode ter experimentado algo parecido, onde relacionamentos, conexões e comunicações abusivas parecem vir de todos os ângulos da vida.

De fato, o abuso raramente termina quando o evento original acaba.

Depois do ato inicial de agressão, parece que todo mundo está abusando de você.

O próprio abuso, seja um único evento importante ou uma série de incidentes menores, continua a reverberar através de nossas vidas e de nossa realidade por muito tempo depois de ocorrer.

Mesmo se você experimentou o abuso em uma área particular da sua vida, outros ecos semelhantes provavelmente terão aparecido em diferentes áreas da vida e de várias maneiras. Você pode ter notado que se tornou uma epidemia que se espalhou por todos os cantos da sua existência. Se o abuso começou na infância, é provável que (a menos que você o tenha transformado significativamente e ele já não afete você) a continuação do abuso em suas muitas formas tenha sido seu ponto principal ou de referência até agora.

O CHOQUE DA AGRESSÃO

Uma das chaves para entender como você está respondendo ao abuso é que o ato abusivo cria um choque para o sistema. O trauma então impõe sistemas de resposta automática em seu corpo que continuam sendo reativados em tempos de estresse. A química do nosso corpo literalmente muda quando vivenciamos um ato abusivo, e nos adaptamos recuando dentro da jaula invisível.

Inicialmente, a jaula se torna nosso local de segurança e é tudo o que sabemos como fazer em face da sobrecarga sensorial e molecular que o evento original criou. Sempre que algo nos faz lembrar da agressão original, acabamos de volta na jaula. Normalmente, todos os sentidos estão envolvidos, e qualquer gatilho sensorial do mundo externo pode nos fazer recuar de volta para a jaula. Nós cheiramos algo que nos faz lembrar do evento original – um perfume ou uma loção pós-barba – e nos encontramos nos recuando. Ouvimos algo – como um tom de voz ou uma palavra específica que foi usada durante a agressão – e novamente voltamos para dentro da jaula. Vemos algo que nos lembra do evento – nosso agressor tem barba, vemos um homem com barba – e de repente recuamos novamente. Depois, há os indicadores moleculares mais sutis: os muitos sentimentos e emoções que o abuso criou. Muitas vezes, quando alguém vivencia um abuso, estes sentimentos e emoções ficam trancados no corpo e podem ser acionados novamente por uma coisa mínima em nossa realidade externa. Em certo sentido, encapsulamos o agressor nas próprias células do nosso ser. A realidade do agressor assim se torna o filtro pelo qual experimentamos o mundo, e é uma parte fundamental do que nos mantêm trancados na jaula.

Embora a jaula seja projetada para nos proteger – em última instância tentando nos manter seguros para que um evento semelhante não ocorra – acabamos nos definindo através do choque do que aconteceu. Nossa estrutura molecular muda e estas mudanças se tornam o filtro através do qual vivenciamos nossa realidade.

Como já disse antes, a consciência é uma parte enorme da cura d a jaula do abuso. Mas quando nos retiramos para nossa jaula porque o choque do evento original ainda é mantido em nossos corpos, operamos a partir do *oposto* da consciência.

Nós operamos a partir do transe.

FUNCIONANDO A PARTIR DO TRANSE

Se a informação sensorial do que ocorreu é frequentemente acionada, você começa a funcionar como "antivocê". Se você se lembra, o antivocê impede que você gere e crie em sua vida.

Se você está se mostrando como o "antivocê", é provável que uma de duas coisas esteja acontecendo.

- Você tem alguma consciência de que algo está estranho, mas parece não poder entender ou chegar a isso.
- Você vem vivendo dentro da jaula mas não está ciente de o estar fazendo.

Em qualquer caso, geralmente há uma tendência associada de culpar o mundo exterior por como você se sente por dentro.

ATRAINDO MAIS DO MESMO

Quanto mais estivermos operando dentro da jaula do abuso, mais atraímos outras incidências de abuso para nós. A ressonância do choque do evento original, e a maneira como operamos molecularmente a partir desta ressonância, significam que atraímos seres semelhantes que estão funcionando a partir do mesmo lugar.

Quando nos vemos como vítimas e sentimos que um abuso

foi perpetrado contra nós, outros perpetradores são atraídos para repetir o ciclo.

Nós não vemos que eles estão simplesmente trancados em seus próprios ciclos, e que também estamos desempenhando um papel para eles. Em vez disso, através de nossos filtros, eles parecem com nossos atacantes e opressores, nada mais. Se isso estiver acontecendo com você, uma parte de você provavelmente acredita que isso significa que há algo errado com você. Como destaquei na introdução deste livro, não há nada de errado com você se você tem atraído continuamente abusos em sua vida em ciclos semelhantes. É que uma vez que o abuso tenha ocorrido em sua vida, você não soube como parar de criá-lo.

PERPETRANDO ABUSOS CONTRA SI MESMO

Quando fomos abusados, assumimos a realidade do agressor como se fosse a nossa. Se o abuso era financeiro, emocional, físico, doméstico, espiritual ou sexual, a realidade da pessoa que o impôs a nós eventualmente se torna a realidade através da qual vivenciamos nosso mundo.

Há um termo em Access Consciousness® chamado 'mimetismo biomimético' – que significa simplesmente que tomamos o modo de outra pessoa de ser no mundo como se fosse nosso. Muitas vezes vivenciamos o mimetismo biomimético com nosso perpetrador, o que pode nos ajudar a entender como às vezes os abusados podem se tornar o agressor. Outra maneira de pensar sobre isso é que nossas respostas habituais condicionadas se tornam uma via de dor. Então, como exemplo, uma via de dor poderia ser que o perpetrador do abuso acreditasse que era mal ou ruim ou errado, e essa energia é transferida para nós durante o 'ato'. Nós então começamos a nos comportar como se fossemos ruins ou maus ou errados. Isso mantém o evento original vivo, adicionando mais combustível ao fogo do TEPT e nunca permite que o espaço para o crescimento pós-traumático ocorra.

O mimetismo biomimético assume muitas formas, e isso não significa necessariamente que nos tornaremos como nosso perpetrador. Mais frequentemente significa que assumimos um elemento de seu modo de ser no mundo e o impomos a nós mesmos. Quando estamos imitando biomimeticamente nossos perpetradores, isso inclui operar a partir das mesmas vias de dor pelas quais eles operam. Quando isso acontece, nunca comungamos verdadeiramente com o nosso próprio eu, porque, em algum nível, estamos subconscientemente buscando aprovação de nossos perpetradores, imitando-os.

Como exemplo, experimentei o mimetismo biomimético com minha mãe. Eu tinha um relacionamento tumultuado com ela, e, mesmo na minha vida adulta, estava operando com sua realidade energética. Para mim, isso apareceu como tendo dificuldade em estar sozinha. Eu nunca me senti confortável sozinha e sempre quis estar com alguém. Eu também tive um tempo difícil gerando e criando em minha vida – às vezes chamado de 'sustentar-se com as próprias pernas'. Passei décadas gerando e criando a partir da realidade da minha mãe – não apenas no meu corpo e mente, mas na minha carreira e nas minhas finanças também. Eu não percebi que estava operando com a realidade dela quando estava fazendo isso.

Um dos indícios de que você pode estar vivendo de dentro dos limites de qualquer realidade que o perpetrador tenha imposto a você, é que você se encontra operando com sua pequenez. Você toma decisões com base no medo em vez de na expansão. No meu caso, por exemplo, deixei minha mãe escolher a escola e as faculdades que eu fiz, em vez de eu escolher. O poder, mais uma vez, estava com o perpetrador.

Minha mãe era muito controladora, crítica e violenta. A mensagem predominante com que ela me alimentou, e a outros ao seu redor era: "A única maneira de eu aceitar você é se você fizer o que eu digo". Ao me curvar à sua vontade, eu estava permitindo que ela continuasse a manter poder sobre mim. Eu estava tão trancada na violência física, no trauma e no abuso que não sabia como dizer não para ela. Dizer sim à realidade de outra pessoa é, na realidade, dizer não para você. É isso o que divorcia você da comunhão consigo mesmo.

Então, como você sabe se o que você está sentindo em suas entranhas é seu ou se é algo que pertence a outra pessoa que você comprou como seu?

EXERCÍCIO DIÁRIO: A REALIDADE DE QUEM VOCÊ ESTÁ SENDO?

O que sua mãe e seu pai, e as outras pessoas na sua vida lhe ensinaram sobre você, seu corpo, sua vida e sua realidade, em que você ainda acredita ou cria sua vida em torno disso consciente ou inconscientemente?

Essas crenças são verdadeiramente suas? Em outras palavras, você as escolhe agora?

Em um nível central, nossas crenças nos servem de alguma forma. Como estas crenças ou comportamentos o mantêm tranado na jaula e lhe servem ao mesmo tempo?

Você consegue identificar como o atendimento às necessidades dos outros realmente o mantém em uma vida de compromisso?

Nossos agressores podem ou não ainda estar em nossas vidas. Eles podem estar vivos ou mortos. Mas quando damos nosso poder para eles, fechamos todas as possibilidades e vivemos em limitação. Agora você se torna o perpetrador contra você. Uma vez que essa 'virada' acontece, você está vivendo completamente em uma realidade automatizada. Quando falamos sobre a agressão contra você, isso não inclui apenas o ato original do abuso em si. Inclui todos os outros atos abusivos que ocorreram em sua vida que você assumiu como sua verdade – todas as decisões, conclusões e julgamentos que os outros fizeram sobre você e que você, por sua vez, transformou em sua própria realidade – e que é essencialmente sua programação sobre o erro de você.

Você é um ímã de conscientização, você está percebendo, sabendo, sendo e recebendo energia de todo o planeta, de todo o mundo, de seus antepassados, de seu corpo, da pessoa ao lado, de seus parceiros, dos seus colegas, de suas igrejas, e assim por diante.

EXERCÍCIO DE ENERGIA: ABANDONANDO O QUE NÃO É SEU

Feche seus olhos coloque suas mão no timo e no osso púbico. Respire pela boca três vezes e diga: OI CORPO! OI CORPO! OI CORPO! OI EU! OI EU! OI EU! OI TERRA! OI TERRA! OI TERRA!" Expanda sua energia para tocar os quatro cantos do cômodo onde você está e respire. Expire tão distante quanto você puder ir: para cima, para baixo, esquerda, direita, frente e trás. Inspire pela sua frente, inspire pelas suas costas, inspire pela sua direita, inspire pela sua esquerda. Inspire pelos seus pés e descendo pela cabeça. Repita todos os "Ois" anteriores. Abra seus olhos.

Perceba como você se sente ou qualquer mudança em sua energia.

Em resumo, enquanto você não estiver disposto a escolher e criar a partir da sua realidade, você estará escolhendo a partir das realidades de outras pessoas. E quando você troca a sua própria realidade pela realidade de outra pessoa, é preciso muita energia do corpo. Isso lhe drena de sua própria vitalidade essencial. Este é o 'propósito' da jaula invisível – você nunca consegue existir como VOCÊ.

5

CAPÍTULO CINCO: SAÚDE E SEU CORPO

"E eu disse ao meu corpo, suavemente:" Eu quero ser sua amiga ". Ele deu um longo suspiro e respondeu:" Eu tenho esperado toda a minha vida por isso ".

— NAYYIRAH WAHEED

Você já se sentiu como se estivesse em guerra com o seu corpo? Se você já vivenciou algum tipo de abuso, este é frequentemente o caso. Existem três maneiras principais pelas quais você pode se encontrar em guerra com seu corpo:

- Você se encontra colocando as necessidades dos outros à frente das suas.

- Você julga constantemente seu corpo.
- Você ignora as dicas e solicitações do seu corpo.

Neste capítulo vamos explorar como o abuso prepara o cenário para estar em guerra com seu corpo, bem como o que você pode fazer para vivenciar mais paz e harmonia em seu próprio ser físico.

1. COLOCANDO AS NECESSIDADES DOS OUTROS À FRENTE DAS SUAS

Quando o abuso ocorre, você se torna invisível, enquanto o agressor é visível. Suas necessidades se tornam invisíveis à medida que as necessidades do agressor crescem. Isso estabelece o padrão para a jaula invisível do abuso.

De dentro da jaula do abuso, você acredita que é normal achar que as necessidades de outras pessoas são mais importantes do que as suas. De lá, você ignora as muitas dicas e pedidos do seu corpo, enquanto frequentemente coloca as necessidades dos outros à frente. Recordando os 4D, você pode descobrir que você *nega* que realmente tem necessidades ou se *dissocia*, porque você acredita que seu corpo não importa. Você se *desconecta* de pensar que tem algum direito de receber qualquer coisa, e se *defende* contra qualquer coisa que venha para você. Isso cria camadas de densidade em seu corpo – o peso, o aperto, a rigidez, o controle, a constrição e assim por diante.

Com o passar dos anos, você normaliza tornar as necessidade das pessoas mais importantes do que as suas. O padrão escalona. Você se vê se *dissociando* do seu corpo e tratando-o como se ele não fosse importante, e ao mesmo tempo você se sente preso por ele. O resultado é que você *desconecta* ainda mais o seu corpo e vive dentro de sua mente. Mas a mente é apenas 10% do seu corpo – o que significa que você está negando os outros 90% de você.

2. JULGANDO SEU CORPO

Quando você *nega, se dissocia, se desconecta e se defende* contra o seu corpo julgando-o, você começa a se trancar ainda mais fundo na jaula do abuso. O resultado é que seu corpo começa a inchar. Fica denso. Fica constrito. Começa a ter dores. Começa a dar errado.

À medida que seu corpo fica mais rígido, seu pensamento também se torna mais rígido. Você começa a ver as coisas em preto e branco, ou que só podem ser feitas de uma forma. Você perde seu pensamento criativo em favor de conclusões e pontos de vista fixos.

Você também pode ganhar peso ou se sentir mais pesado. Muitas vezes, quando carregamos peso em nossos corpos, tem mais a ver com auto-ódio, julgamentos, decisões e conclusões que fizemos sobre nós mesmos, com base no que nos aconteceu no passado. Mesmo se você não tiver um problema de peso físico, o peso pode aparecer como outros tipos de peso, como a depressão. Isso também pode ser devido à densidade que você está mantendo em seu corpo devido ao abuso.

O peso pode ser as toxinas de seus abusadores que você ainda está mantendo. Também pode vir dos julgamentos de outras pessoas que você trouxe a bordo, assim como dos julgamentos que você tem sobre si mesmo. Às vezes é uma defesa que você criou para tentar se proteger de outros abusadores. E, mantendo o peso no lugar, a mensagem subliminar é que todo mundo em sua vida é um potencial abusador para você.

Criando Mudança A Partir do Julgamento

Quando olhamos para nossos corpos e resolvemos mudá-los, muitas vezes estamos vindo de um lugar de julgamento. Tornamo-nos maus ou errados para nossos corpos sendo do jeito que são.

Toda vez que você toma a decisão de que há algo errado com você, ela vem do julgamento.

Podemos fazer planos para malhar mais ou comer menos, mas eles geralmente são baseados em se privar de qualquer forma de prazer. Muitas vezes, quando fomos abusados, tendemos a recorrer a métodos mais duros de perda de peso e planos regrados. Nós já temos uma marca sobre nossos corpos sendo abusados, e continuamos perpetuando essa impressão e nos empurrando contra metas severas e irreais de perda de peso, que então tendem a sair pela culatra. Realmente não sabemos como fazer amizade com o corpo, porque não estamos operando de um lugar de bondade em relação a ele. De certa forma, ainda estamos perpetuando o abuso que vivenciamos.

Padrões de Desarmonia

No capítulo três falamos sobre como suas emoções poderiam ser harmoniosas ou desarmoniosas, dependendo se você está operando nas frequências harmônicas mais baixas ou nas mais altas. Lembre-se, os padrões de desarmonia criam doença, desconexão e defesa.

O fenômeno mente/corpo é muito real. A gordura e as toxinas armazenadas em seu corpo são, com efeito, um espelho dos seus julgamentos, decisões e conclusões.

Infelizmente, muitos de nós escolhem o peso de toxinas e julgamentos como a nossa verdade, em vez da leveza e da expansão dos harmônicos mais altos. Mas, escolhendo manter o peso, você está realmente mantendo esses julgamentos e conclusões como sua realidade viva – trancando você mais e mais profundamente na jaula. Quando vemos nossos corpos como algo diferente de um presente, experimentamos uma profunda falta de paz.

3. IGNORANDO AS DICAS E SOLICITAÇÕES DO SEU CORPO

Outra maneira pela qual perpetuamos o abuso é ignorando o que nosso corpo está pedindo. Nossos corpos têm uma sabedoria inata, que foi comprometida pela vida do século XXI. No entanto, o abuso compromete esta sabedoria ainda mais. A negação, a desconexão e a dissociação nos divorciam das muitas dicas e pedidos dos nossos corpos. Frequentemente esta sabedoria inata é entorpecida com comida, álcool ou drogas. É confuso para a mente/corpo quando comemos emocionalmente ou respondemos a desejos. Ignorar a sabedoria inata do corpo nos leva mais longe de nós mesmos. Socialmente, tornou-se normalizado adaptar-se dessa forma, em vez de ouvir o que nossos corpos precisam.

Tive uma experiência pouco tempo atrás. Decidi ir a um dos meus restaurantes indianos favoritos e sem glúten. Já estivera lá antes e sempre adorei. No entanto, enquanto eu dirigia até lá meu corpo começou a me dizer: "Não, isso não é bom para você agora".

Pensei que acabaria com isso uma vez que chegasse lá, mas quando comecei a comer, o sabor não estava bom. Ainda assim não parei. A comida não caiu bem no meu corpo. Fiquei desconfortável durante toda a noite, mas não foi apenas a comida, era meu pensamento e meu corpo em guerra um com o outro. Eu não tinha ouvido o meu corpo, mesmo que eles estivesse me dando sinais muito claros.

EXERCÍCIO DIÁRIO: VOCÊ SE ALIMENTANDO COM CONSCIÊNCIA?

Quantas vezes você também ignorou as dicas do seu corpo e comeu quando não tinha fome, ou quando estava triste ou com raiva? Quantas vezes você comeu quando seu corpo disse não, porque você ia sair para jantar ou ia a um evento social?

Mantenha um registro de quando você tem fome. Pergunte-se: Estou com fome ou chateado? Estou com sede ou preciso de um amigo, um abraço, uma caminhada? Comece a observar o que o seu corpo está de fato tentando lhe dizer.

CURANDO O ABUSO A PARTIR DO SEU CORPO

O que a maioria das pessoas – incluindo terapeutas tradicionais – não entende é que se você fosse curar o abuso, o primeiro lugar onde você precisaria ir é para o corpo. Eu ainda tenho que ver o contrário. Infelizmente, muitas vezes é o último lugar onde você quer ir. A principal coisa a perceber é que o abuso aumenta a separação entre mente e corpo, e a cura do abuso fecha este afastamento. Você literalmente precisa aprender a soltar o trauma do corpo. É vital aprender a resolver a desarmonia física, para que você possa estar em acordo com seu corpo.

Quando você está em acordo com você, você está em acordo com tudo – todas as moléculas no mundo. Se você estiver separado do seu corpo, você está separado de tudo.

O primeiro passo é se recusar a deixar seu abuso passado ter poder sobre você por mais tempo. Frequentemente neste livro reforçamos a mensagem de que uma das suas coisas mais valiosas é sua capacidade de escolher. Seu primeiro passo é fazer a escolha de não deixar mais as necessidades de outras pessoas se sobreporem às suas próprias necessidades, para julgar seu corpo ou ignorar seus pedidos.

Acabando com o julgamento

Ver como seu abuso passado está se mostrando em seu corpo é essencial. Em vez de se ver como gordo ou feio, ou ruim ou mau, você pode começar a ver que esses julgamentos vieram de outra pessoa ou de outro momento, e começam a criar seu corpo a partir de um lugar de retidão e integridade.

Em vez de tentar mudar nossos corpos através do julgamento e da punição, podemos fazer escolhas baseadas em um novo paradigma de "determinação". Isso significa que escolhemos nos ver e a nossos corpos a partir de um nível diferente de consciência, nível este baseado em gentileza, nutrição e cuidado em vez de em culpa, vergonha, arrependimento e autopunição.

À medida que liberamos o julgamento de nossos corpos, mais e mais começamos a ver a conexão entre o peso que estamos carregando sobre nossos corpos e o peso da questão do abuso.

Você para de julgar seu corpo quando parar de rejeitar, ejetar e expulsar todas as possibilidades. Sua saúde, seu corpo, (juntamente com seu dinheiro, riqueza e relacionamentos, que exploraremos nos seguintes capítulos) são todos sobre rejeitar, ejetar e expulsar todas as possibilidades.

O que é preciso para que você crie a alegria da possibilidade com seu corpo aceitando-se abraçando-se como uma possibilidade?

Seu corpo é um sistema de sentimento de prazer. Até agora, porém, você provavelmente erradicou completamente a experiência do prazer, ou distorceu e deturpou ou limitou o prazer que você se permite a instantâneas gratificações como chocolate ou outros baratos temporários. No entanto, seu corpo foi projetado para o prazer e configurado para a felicidade.

EXERCÍCIO DIÁRIO: MUDANDO O FOCO DA SUA ALIMENTAÇÃO

Ao invés da costumeira rotina da última dieta planejada, ou da última moda, que faz com que você julgue seu corpo, o que você pode fazer para aumentar o prazer no seu corpo, para que então você não foque mais no que está errado nele? Não se pergunte como você pode perder peso ou mudar seu copo. Pergunte-se como você pode liberar os padrões de julgamento que estão mantendo o peso assim.

Escreva 10 julgamentos que você tem sobre seu corpo. A cada dia, no decorrer da próxima semana, para cada julgamento que você escreveu, escolha uma ação diferente em seu lugar.

Ouça Seu Corpo e Priorize Suas Necessidades

No novo paradigma de "determinação", você não força mais seu corpo a mudar. Você resolve parar a guerra com seu corpo, não importa o que seja necessário para fazer esta mudança. Você tem que estar disposto a cumprir esta determinação. Você tem que estar disposto a ser visível e fazer suas necessidades dominarem. Lembre-se, se você foi abusado, as necessidades de todo mundo se tornaram mais visíveis do que você. Você tem que ter determinação para tornar suas próprias necessidades visíveis. O universo mostrará que o está protegendo. Mas você também tem que estar disposto a se defender.

Aprender a comunicar-se com seu corpo e perguntar a ele o que ele precisa pode gerar grandes mudanças. Até mesmo a pergunta frequente: "Olá, corpo, o que você precisa agora?" permite que você reconheça que tem um corpo e acabe com os padrões de dissociação.

Se você se desconectou de seu corpo há algum tempo, pode ser que você não entenda o que ele está dizendo no início. Quando algo surge em seu corpo, você pode se fazer perguntas, como: "se meu corpo (ou esta parte do meu corpo: identifique-a) falasse, o que diria? O que você está me contando? Isso é para já, ou é para mais tarde? " (com relação à última pergunta, às vezes seu corpo está mostrando algo que está pedindo para ser curado em uma sessão de cura mais profunda que não seria apropriada para fazer quando surgir).

EXERCÍCIO: SE MOVA, SE MOVA, SE MOVA

Às vezes você acordará se sentindo pesado ou denso em seu corpo e você não sabe o porquê. Ao invés de aceitar esse estado, pergunte o que você pode fazer para mover-se além disso. Suba na esteira. Vá lá fora e movimente seu corpo. Toque bateria, bata palmas, dance ou cante. Mova seu corpo por trinta segundos, veja o que muda. Aumente para um minuto ou dois.

Alternativamente, você pode marcar um tempo de quinze minutos e escrever a seguinte frase: Uma coisa que meu corpo não gostaria que eu soubesse é________________ (termine a frase). Faça isso por quinze minutos, então rasgue o papel e siga em frente com seu dia.

Lembre-se, o abuso não é apenas um evento – é uma experiência de corpo inteiro. Nenhuma parte de você escapa de senti-lo, mas você pode mudar os sentimentos que surgem mais instantaneamente do que você pode perceber.

Aja baseado em qualquer reconhecimento que seu corpo lhe der.

Eu digo às pessoas no início da minha aula de corpo para imaginar colocar suas cabeças em uma rede na praia e dar a seus corpos a chance de reconhecer o que eles sabem. Para muitas pessoas, a cabeça se tornou o lugar para navegar e, em vez disso, queremos incluir a sabedoria e a consciência que o corpo tem. O corpo sabe tudo. Você acabou de aprender a não confiar nisso. Diga repetidamente: "Oi corpo, oi corpo, oi corpo". Há uma certa vulnerabilidade nisso. Você pode expandir e cair nesse espaço de vulnerabilidade, que permite que você receba muito mais.

Nossos corpos são adaptáveis e brilhantes e têm capacidades incríveis – quando vemos o brilho do que nossos corpos podem ser, podemos operar a partir de sua força potente e dinâmica.

EXERCÍCIO: UM NOVO DIA

Aja por um dia como se seu corpo estivesse certo sobre tudo. Qualquer conscientização que ele lhe der, apenas finja por um dia que você se compromete a agir baseado nela. Que futuro isso criaria?

Em resumo, você provavelmente está acostumado a julgar seu corpo, ignorando suas dicas e solicitações, e colocando as necessidades de outras pessoas à frente das suas. Parte da cura do abuso é incluir todo o corpo e voltar ao contato com sua inteligência. O corpo sabe muito mais do que você percebe, e quando você tira a cabeça da equação e aprende a ouvir seu corpo, você experimentará mais presença e um relacionamento maior consigo mesmo e com a Terra.

CAPÍTULO SEIS: RELACIONAMENTOS E SEXUALIDADE

Se você foi abusado em qualquer nível, as chances são de que sexo e relacionamentos não vêm tão facilmente para você. O simples fato é que você precisa do seu corpo, a fim de ter um relacionamento de qualquer tipo, e, como discutimos no último capítulo, o corpo é onde muitas das questões a respeito do abuso são armazenadas.

Há toda uma série de formas pelas quais podemos explorar o sexo e os relacionamentos quando se trata de abuso. Neste capítulo, vamos nos concentrar em duas das principais:

Você se vê inventando coisas que acredita estarem acontecendo no seu relacionamento e que de fato não são verdadeiras.

Você se vê saindo do seu corpo durante o sexo.

Se você puder parar de entrar em sua cabeça e inventar seu relacionamento, e aprender a permanecer em seu corpo enquanto estiver fazendo sexo, você experimentará conexão e intimidade em um nível totalmente novo.

INVENTANDO SEU RELACIONAMENTO

Relacionamentos podem ser comunhões doces, mas também podem ser cheios de conflito, trauma, drama e dor. A maioria de nós teve uma pequena comunhão ao lado e um prato cheio de conflitos no centro. Seus relacionamentos são alegres e prazerosos? Ou são sufocantes e opressores? Você vivencia a comunhão ou a separação?

Uma grande proporção das questões que temos em relacionamentos resultam da "invenção de problemas". As invenções são as mentiras que você diz a si mesmo, as coisas que você compõe e as histórias sobre o que está acontecendo que não são verdadeiras. Aqui estamos nos concentrando principalmente em como você faz isso em seu relacionamento principal, mas inventar histórias pode aparecer em outras partes da sua vida também.

Criamos nossas respostas, reações e comunicação com base nas invenções que temos sobre o relacionamento.

Elas nos impedem de experimentar a verdadeira intimidade que desejamos. Por que esse padrão é tão predominante com o abuso? Voltamos, como sempre, para a jaula invisível.

Quando você está trancado dentro da jaula, você está tendo uma conversa consigo mesmo.

Você inventa uma conversa com você mesmo com base em seus padrões e experiências e depois projeta suas conclusões em seu parceiro, seus entes queridos, seus filhos e assim por diante.

A piada cruel é que você nunca articula o que realmente está acontecendo dentro de sua mente para o seu parceiro ou outra pessoa de que você goste. Em vez disso, você distorce e deturpa o que está acontecendo à sua frente por causa de suas projeções, e como resultado o relacionamento é distorcido e deturpado. Em vez de serem as pessoas que você ama, eles se tornam as pessoas que você quer matar! Você externaliza sua raiva a partir da voz reprimida dentro de você, sem seu parceiro saber o que está realmente acontecendo.

Essas "invenções" são como um gás silencioso, infiltrando-se no relacionamento, mas não sendo identificado. Você provavelmente nem sabe que são invenções porque você nem está olhando para eles e fazendo-lhes perguntas sobre eles. Uma pergunta que você poderia perguntar antes de reagir é: "Isso é verdade ou é uma invenção?" Mas você provavelmente não fez uma pergunta como essa até agora. Você apenas torna isso verdade, acredita que é verdade, age e cria a partir disso. Enquanto você agir assim, você se tranca mais e mais na jaula, enquanto simultaneamente tranca seu parceiro fora de sua jaula também.

Como você nunca realmente conta a seus parceiros o que realmente está acontecendo para você, por sua vez, eles nunca fazem perguntas ou colocam as coisas em discussão. Eles podem dizer algo ao longo do caminho: "Você é louco" ou "Você faz isso o tempo todo" ou "Talvez você precise de ajuda". Mas eles não sabem como realmente perguntar o que está acontecendo para você. Você não está em contato com isso sozinho, então eles também não podem entrar em contato com você.

Sinais De Que Você Está Inventando Seus Relacionamentos

O primeiro passo para se mover além das invenções e para o espaço da verdadeira comunhão é ver as invenções que você está usando em seu relacionamento, em vez de basear seu relacionamento em histórias que não são verdadeiras. Essas invenções impedem que você vivencie a verdadeira intimidade que você deseja.

Então, como você sabe se está inventando seu relacionamento? Existem quatro sinais para identificar suas invenções:

Suas necessidades não importam e as necessidades do seu parceiro dominam.

Você se sente dependente do seu parceiro e, ao mesmo tempo, se ressente dele.

Você fez acordos não expressos e inconscientes, como "se você cuida de mim, mantenha-me a salvo e seguro financeiramente, e eu cuidarei de você. Eu farei as refeições. Eu vou cuidar de você. Eu farei o que você deseja".

Você não reconhece mais quem é. Você criou uma persona ou um papel para si mesmo. É quem você acha que precisa ser para ser amado. Muito provavelmente você nunca se perguntou se isso é algo que você realmente precisava ser.

Suas Invenções São Baseadas no Passado

As invenções que você continua jogando em seus relacionamentos estão sendo jogadas a partir dos antigos padrões de abuso que você experimentou. Eles são frequentemente padrões do que você aprendeu em relacionamentos ou o que foi modelado para você, e geralmente preenchido com projeções, separações, expectativas, rejeições, ressentimentos e arrependimentos. Assim, em vez de se mover para além do seu passado e criar uma nova forma de intimidade, você se aprisiona na jaula do abuso, recriando seu passado, e se trancando ainda mais nessas mentiras e invenções. Muitas vezes você nunca pode realmente ver o que está bem à sua frente, ou a beleza do ser que decidiu compartilhar sua vida com você.

Repetindo com seu parceiro a mesma dinâmica que você vivenciou durante sua infância, você cria "verdades" sobre a outra pessoa que são realmente invenções. Isso se torna a maneira como você se relaciona e se comunica com eles – tudo é baseado nessas invenções. No entanto, estas invenções só servem para desempoderar você, mesmo que você as esteja fazendo com outra pessoa. Torna-se uma dinâmica de ressentimento que é realmente apenas uma conversa louca que você está tendo consigo de dentro da jaula.

Quando você não vê a outra pessoa à sua frente e acredita nas mentiras, as projeções, nas expectativas, nos ressentimentos, e assim por diante, você realmente cria seus relacionamentos com base nesses filtros. Você está realmente criando um relacionamento baseado em uma mentira. Isto é o que a maior parte do mundo chama de "relacionamento".

Esse não é apenas um abuso de você – é um abuso do seu parceiro também. É quando o relacionamento se torna uma guerra entre duas pessoas. Porque todas essas crenças subconscientes sobre as quais você criou seus relacionamentos foram baseadas na limitação, na tomada de decisões inconscientes e na sua própria conversa consigo mesmo.

Vale lembrar que, se você estiver fazendo isso, é provável que isso também tenha sido moldado em você por seus pais ou cuidadores primários. Meu pai estava longe, e eu lembro que quando ele voltava para casa, meus pais ficavam felizes em se ver. Mas eu também tive a consciência de que minha mãe estava chateada por ele não estar mais em casa, ajudando-a com os três filhos. E também sabia energicamente que ele não queria estar lá. Ele não dizia isso, mas eu sentia. Eu assistia a essa dinâmica e sentia a diferença entre como eles se comportavam e o que foi ou não dito. Sua tentativa fingida de afeição não parecia certa para mim. Eu sabia que era uma mentira. Eles estavam colocando máscaras uns nos outros e para as crianças. Eles não falavam sobre as questões subjacentes na nossa frente, mas essas questões se mostravam em suas ações. Por exemplo, minha mãe batia o prato na mesa quando estava alimentando meu pai, e ele respondia com uma expressão "invisível" de ódio. Eles representavam com seu comportamento, sem sua voz. Estas são as invenções inconscientes que continuam nos relacionamentos, que criam o relacionamento como guerra, conflito e drama – em vez de alegria e comunhão.

Um Novo Modelo de Relacionamento

Relacionamentos são projetados para se beneficiar e permitir que você e seu parceiro se expandam juntos, contribuam um para o outro e tragam alegria um para outro.

Eu não estou vivendo em um ideal utópico onde acredito que não haverá conflitos. No entanto, acredito que podemos mudar tudo, e tudo inclui como nos comportamos nos relacionamentos.

Pode ser muito desafiador criar mudanças se você continuar baseando seu relacionamento na invenção de problemas. Quando você está vivendo na "terra das invenções", então você ainda não está falando sobre o que é verdade. Em vez disso, você está discutindo sobre questões que nem são reais.

Se você já se encontrou em algum tipo de discussão em um relacionamento, e disse algo ao longo como: "Eu nem sei o que estamos discutindo", então você sabe o que quero dizer. Às vezes podemos reconhecer quando é invenção, e é necessária uma grande força em se parar no meio da discussão e dizer: "Isso foi totalmente invenção minha. Sinto muito. Era tudo sobre XYZ, e não tem nada a ver com você. "

A maioria de nós não reconhece quando estamos na invenção, porque por muito tempo parece tão real, especialmente quando há emoções envolvidas. O desafio é que as emoções são desencadeadas *com base em nossas experiências do passado*, e quando estamos emocionalmente carregados, fazem com que nossas invenções pareçam muito mais reais.

Ao operar mais a partir da consciência e menos a partir de seus padrões, a escolha abre-se para você nesses momentos. Você é capaz de se perguntar:

Quem eu escolherei ser?

Eu quero ser uma mentira, ou um personagem, e ficar preso dentro da jaula do abuso?

Eu quero me erguer com determinação e com uma tenacidade de consciência e criar comunhão?

Vocês têm a escolha de criar uma nova possibilidade e vivenciar uma expansão mais grandiosa juntos e em todas as formas com que vocês se relacionam – comunitária, sexual, financeira, física, emocional, mental, psicológica e espiritualmente.

EXERCÍCIO DIÁRIO: CRENÇAS DE RELACIONAMENTOS

Escreva cada crença espreitando atrás da sua cabeça sobre relacionamentos e faça-se esta pergunta: "Isto é realmente verdadeiro?". Faça isso sobre o que quer que você esteja pensando, sentindo e percebendo sobre relacionamentos.

Se você está num relacionamento, converse com seu parceiro após ter completado esse exercício diário. Tenha uma conversa com ele (se for melhor abrir a conversa com uma terceira parte, eu sugiro buscar um conselheiro para mediar algumas das partes potencialmente mais difíceis**). Abra a porta da jaula para alguma comunicação. Compartilhe o que você vem acreditando, percebendo, e esteja ciente, modo que eles possam lhe ajudar a ver a verdade além de seus próprios filtros. Enquanto você faz isso, esteja aberto para o que você compartilha ser baseado em uma mentira que veio da sua programação e experiências passadas de vida. Estamos buscando abrir um novo nível de comunicação consciente no seu relacionamento além do que ambos foram programados a acreditar ser verdadeiro. A verdadeira comunhão além do julgamento o ajudará a abrir sua jaula ainda mais.

** Esta avaliação de seu relacionamento é para você não viver mais na jaula do abuso. Pode ser mais benéfico você falar com alguém primeiro e depois abrir a porta para conversas potencialmente mais desafiadoras com seu parceiro.

SEXO E RELACIONAMENTO

Uma série de desafios pode surgir em torno do sexo e do abuso, mais obviamente ainda se o abuso que você vivenciou foi de natureza sexual. Se você foi abusado, uma das principais coisas que pode acontecer é você "desaparecer" durante o sexo. No Capítulo Dois, falamos sobre a desconexão. Desaparecer durante o ato sexual – ir para o nosso lugar seguro ou recuar ainda mais para dentro da jaula – pode muitas vezes ser acionado durante o sexo.

Você se nota desaparecendo durante o sexo?

Imagine este cenário e veja se lhe soa familiar:

Você está deitada de costas em uma pose vulnerável. Supõe-se que seja agradável, divertido e prazeroso, mas algo acontece para ativar seu gatilho. Pode ser um olhar que seu parceiro lhe dá ou algo que ele diga ou faça que o lembre da agressão original. Instantaneamente, sua mente volta ao abuso do passado, às memórias, à reação de lutar ou fugir, e assim por diante. Você começa a prender a respiração. É mais seguro abandonar o seu corpo e você o faz, deixando o abuso do passado vivo e comandando o show novamente. Você se dissocia e se separa de si mesmo, mas não expressa o que está acontecendo, principalmente porque é provavelmente semelhante à posição que você assumiu quando foi originalmente abusada. Você fica lá, fazendo os movimentos e fechando as barras da jaula. Provavelmente, você não sente nenhum prazer. Se você tiver, não é do tipo profundamente satisfatório. Você simula ou finge que foi divertido. À medida que isso ocorre, você pode estar se fazendo uma ou todas as seguintes perguntas:

- O que está acontecendo?
- O que há de errado comigo?
- Algum dia vou desfrutar do sexo?

Vou compartilhar abaixo minha perspectiva sobre todas as quatro perguntas.

O Que Está Acontecendo?

O que realmente está acontecendo dentro da jaula do abuso quando seu gatilho é acionado assim? Basicamente, a diversão e o prazer do sexo não podem ser recebidos porque você e suas necessidades se tornaram invisíveis.

Você está vivendo algum julgamento que fez durante o abuso passado.
Você deixou de existir. Suas necessidades eram limitações então. Suas necessidades não importavam. Você não importou.

Então, durante o sexo, você não expressa suas necessidades e as necessidades de seu parceiro se tornam mais importantes. Mas como o sexo pode ser divertido e prazeroso se você nem mesmo está lá?

O Que Há de Errado Comigo?

Não há nada de errado com você. Eu sei que você pode ter ouvido isso intelectualmente de muitas maneiras diferentes, especialmente quando se trata de abuso. Mas essa experiência de desaparecer durante o sexo não é nada para se envergonhar. Já fiz isso muitas vezes e milhares de meus clientes também fizeram. E, hoje em dia, estou tendo experiências sexuais realmente prazerosas, radicais e orgasticamente vivas. Isso significa que você também pode.

No entanto, se você se enganar sobre o desaparecimento, ficará trancado na jaula. Portanto, o primeiro passo, se essa resposta automática for acionada, é dar um tempo a si mesmo. Não há nada de errado com você se você desaparecer durante o sexo. Você tem apenas que reconhecer o que aconteceu que o fez desaparecer, se desconectar ou se dissociar. Haverá algo que aconteceu, ou algo que seu parceiro disse ou fez, ou uma maneira como ele tocou em você que desencadeou a lembrança do abuso. Portanto, a primeira coisa que você pode fazer é reconhecer e falar sobre isso. Mas a maioria de nós mantém a boca fechada, com os corpos frígidos e congelados – separamo-nos energeticamente. Quando você reconhece o que ocorreu, você pode criar uma nova história no agora – não apenas com você e seu corpo – mas com a pessoa bem na sua frente (ou em cima de você ou ao seu lado!).

Algum Dia Vou Desfrutar do Sexo?

Você pode começar a desfrutar do sexo novamente se estiver disposto a permitir que suas necessidades sejam importantes. Isso requer que você escolha você. Também requer que você não seja mais invisível. Por sua vez, requer que você pare a guerra de julgamentos sobre você. No capítulo anterior, falamos sobre como se reconectar com seus centros de prazer e se divertir vivendo em seu corpo. Esta é a comunhão em todos os níveis de sua experiência corporal e não é exclusiva do sexo.

Como Identificar Se Você Abandonou Seu Corpo Durante o Sexo

Se você deixar seu corpo ou seu parceiro mental ou emocionalmente no meio do ato sexual, o que pode ter sido uma sensação boa de repente se torna pesada, contraída e densa. Esse é o primeiro sinal de que algo ocorreu que o desencadeou, fazendo com que você recuasse para a jaula invisível. Você pode perceber que está julgando a si mesmo e tendo pensamentos como: "Esteja presente. Este é seu parceiro. Você não está sentindo nada. Eles podem dizer que você não está mais lá. "

Alternativamente, pode ser um autojulgamento sobre uma determinada parte do seu corpo que o leva para a jaula. Seu parceiro começa a tocar uma parte do seu corpo com a qual você não se sente confortável, como seus quadris, e você inicia um diálogo interno consigo mesmo. "Como ele podem estar me tocando lá. Eu me sinto tão gorda e pouco atraente", e agora você se sente pesado e constrangido por ter alguém querendo e desejando você. À medida que você recua mais para dentro de sua cabeça, você começa a se separar. E antes que você perceba, você está apenas seguindo os movimentos e não está mais presente.

Tornando-se Mais Presente Durante o Sexo

Você já esteve realmente presente durante o sexo? Se sim, você deve ter notado que é uma experiência muito mais agradável. E se você não fez isso, então a escolha é treinar novamente seu corpo e a si mesmo para que isso se torne possível para você.

A primeira coisa que precisamos fazer é reconhecer a energia que não nos permite estar sexualmente presentes. É um chamado para despertar de uma realidade sonâmbula. Você pode mudar essa energia da morte reconhecendo-a, questionando-a, abraçando-a e incorporando-a. É muito parecido com surfar uma onda no oceano. Você já tentou lutar contra uma onda no oceano? Ela vence. Você perde. Se, no entanto, você surfa a onda para dentro e para fora, para dentro e para fora, você se diverte muito e pode aproveitar a onda até a praia.

Em vez de tentar se consertar ou de se considerar um
problema,
ou ter um problema que precisa ser resolvido, ou de se julgar
sobre isso,
e se você começar a reconhecer que seu corpo é a presença
que ele é?
E se você reconhecer seu corpo agora, neste momento?

Coloque a mão no timo (centro do coração) e a outra no osso púbico.
Respire!
Diga: "Oi corpo! Oi corpo! Oi corpo! "
Respire!

Lembre-se de que só fazemos algo porque há um benefício nisso. A questão é que o benefício foi feito em um momento, um lugar, uma situação e geralmente uma época muito antes de hoje. Essencialmente, a decisão está desatualizada, mas o comportamento ainda é atual.

Para ir além do antigo espaço de fuga, você está começando a ver as necessidades do seu corpo como uma possibilidade em vez de uma limitação. A limitação seria se separar de si mesmo e continuar com o ato, sem fazer nada a respeito. A possibilidade seria reconhecer, durante o ato, o que está acontecendo. Verifique dentro do seu corpo e veja como ele está. É denso, pesado e estreito, ou leve, expansivo e livre? Ou é um pouco dos dois? Em seguida, pergunte a si mesmo o que seu corpo precisa para mudar o padrão.

EXERCÍCIO DIÁRIO: CONSCIENTIZAÇÃO SEXUAL

Faça a si mesmo as seguintes perguntas:

Qual é a vantagem de eu desaparecer durante o sexo?

Como isso me beneficiou?

Isso me manteve seguro ou me protegeu?

Isso me deu algum nível de controle?

Se eu pudesse pedir algo durante esses momentos, o que seria? Provavelmente você nunca ousou parar alguém durante o sexo, ou talvez sempre o faça. De qualquer forma, você gostaria de mudar algo aqui? E, em caso afirmativo, o quê?

Acordando

Ao começar uma conversa sobre se você está desaparecendo durante o sexo, o que eu realmente estou convidando você a fazer é a acordar. Isso significa acordar para você. Acordar inclui dar uma olhada no que você está escolhendo em algum nível – consciente ou inconscientemente – para ver se está funcionando para você. Simplesmente começando um diálogo consigo mesmo sobre sexo, você começará a entender o quão presente você realmente está.

É preciso coragem para realmente estar presente e olhar o que está acontecendo em seu relacionamento sexual com sua outra pessoa agradável, porque isso significa que as coisas provavelmente mudarão.

Você está mais interessado em que as coisas permaneçam iguais ou você está mais interessado em ser verdadeiro consigo mesmo?

Fazer a escolha de estar presente durante o sexo permite que você viva mais consciente e autenticamente em vários níveis. Quando você escolhe estar conectado no sexo, você permite que o ato sexual seja estimulante e comemorado em vez de desconectado e desencarnado. Você termina o ciclo de abuso no processo. É escolher o que é mais gentil para o seu corpo, sua sexualidade e seu ser. E é uma das chaves para viver radicalmente vivo.

Uma das coisas que sempre digo às pessoas quando estou trabalhando com elas é para se associarem a um tempo e lugar: "Ok, este é meu marido, este é meu parceiro, são 14h de sábado. Esta é a pessoa que amo, esta é a pessoa que escolhi para me relacionar". Em seguida, pergunte diretamente o seu corpo: "Corpo, o que está acontecendo com você?"

Verificar seu corpo e começar a ouvi-lo é uma maneira de ir além da morte para a vivacidade radical, de ir além do piloto automático para o engajamento, e de ir além do sofrimento para a alegria. Porque, naquele momento, tudo o que está acontecendo é que você se separou de seu marido ou de seu parceiro. Naquele momento, você está realmente se separando de receber. Este é um padrão – uma forma de ser que a separa de todos os níveis de recebimento, financeira, emocional, física ou sexualmente.

Em resumo, as duas maneiras mais comuns pelas quais vivenciamos problemas no relacionamento quando sofremos abuso são a invenção de problemas e o desaparecimento durante o sexo. Esses problemas não são exclusivos do abuso, mas são definitivamente predominantes em muitas pessoas que sofreram abuso. Ganhar mais consciência de que estamos inventando problemas e nos tornarmos mais conectados com o corpo quando o deixamos são duas maneiras de resolvermos esses desafios e estarmos mais presentes no relacionamento.

No próximo capítulo, exploraremos a terceira maneira pela qual o abuso afeta nossas vidas: na área da carreira e do dinheiro.

CAPITULO SETE: DINHEIRO E CARREIRA

Você já percebeu que o abuso também aparece em seu dinheiro, carreira e finanças? Pode ser menos óbvio do que em seu corpo e em seus relacionamentos, mas ainda desempenha um papel importante. Frequentemente, a maneira como nos avaliamos como resultado do abuso e o nível em que nos permitimos receber estão diretamente relacionados. Nós nos conformamos em trabalhar para um chefe ou alguém que não é gentil. Colocamos nossos sonhos em risco e minamos nosso valor neste processo. Todas estas são formas de autoabuso. Quando pensamos em abuso, tendemos a pensar em abuso físico e abuso sexual. Mas não são apenas aqueles que sofreram abusos que muitas vezes têm uma relação tumultuada com o dinheiro. É também uma das maneiras pelas quais abusamos uns dos outros no relacionamento.

Neste capítulo vamos nos concentrar em como você pode ter bloqueado o fluxo de dinheiro em sua vida por causa da programação e do condicionamento. Também veremos como você pode ter permitido que outras pessoas abusassem de você em relação a dinheiro e finanças.

Abuso em Torno do Dinheiro

O abuso de dinheiro é um pouco mais complicado de diagnosticar. Muitas vezes não temos consciência das crenças ou pontos de vista que mantemos em torno do dinheiro, ou do segredo e da vergonha que carregamos, que se transforma em uma sombra em torno da maneira como interagimos com o dinheiro.

Essa sombra em torno do dinheiro está sempre lá, espreitando em segundo plano. Você não sabe o que é – apenas parece "estranho" ou "errado". Você não tem certeza porque não parece abuso, pelo menos não como o abuso físico ou sexual.

Seus Programas de Dinheiro

Pode não haver manipulação maior do que o controle e manipulação do dinheiro no local de trabalho, nas famílias, nas igrejas, nos cultos e nas religiões. É tudo uma forma de doutrinação. É uma forma de manter limitados os seres radicalmente vivos que realmente somos, contraídos e contidos de uma certa maneira. É assim que somos controlados e ensinados a permanecer pequenos.

Desde o momento em que nascemos, pegamos inconscientemente todos os tipos de ideias sobre dinheiro. Dizem: "O dinheiro é a raiz de todos os males" ou "Não fique maior que suas calças". Muitas vezes somos programados para não ir além do que nossa família ganhou. Muito de nossa programação cultural é que a mediocridade é uma coisa boa, algo pelo qual devemos trabalhar. E então vivemos nossas vidas de acordo com estes programas inconscientes, enquanto uma parte mais profunda de nós sabe que deve haver mais do que aquilo com o que nos conformamos.

Em um de meus programas de rádio, coapresentei um programa com a mundialmente famosa mentora de negócios Simone Milasas. Perguntei a Simone quais os maiores obstáculos que ela viu nas pessoas que ela treinou para ter um relacionamento comercial mais alegre. Ela destacou que a origem dos bloqueios da maioria das pessoas era sua incapacidade de superar sua história em torno do dinheiro.

Ela contou como um amigo dela sofreu uma forma sutil de abuso em relação ao dinheiro. Seus pais costumavam discutir o tempo todo, dizendo: "Não podemos fazer isso porque temos um filho" ou "Não temos dinheiro agora porque temos um filho". Ele era filho único. Ele cresceu durante toda a vida pensando: "Meus pais não têm dinheiro porque me tiveram" e "Eu tenho que compensar o dano que fiz ao nascer".

Na época do programa, ele ainda morava com os pais. Ele estava trabalhando e tentando sustentá-los ao invés de realmente criar sua própria vida. É uma mensagem que ele recebeu insidiosamente ao longo de sua infância, e ele ainda está escolhendo viver esta história nos dias atuais.

Esses tipos de padrões que aprendemos se tornam uma forma de mimetizarão biomimética. Se você se lembra do Capítulo Quatro, é quando repetimos o que nos foi ensinado. Continuamos a abusar de nós mesmos em relação ao dinheiro, repetindo as condições de nossa programação inicial. Somos ensinados a modelar a dor, as decisões, os julgamentos, os caminhos e as realidades de outra pessoa em torno do dinheiro, mesmo sem saber, o que efetivamente diminui nossa capacidade de escolher nossa própria realidade em torno dele.

Abusando de Nós Mesmos ao Não Pedir Dinheiro

Não são apenas os padrões do passado que se transformam em nosso abuso em relação ao dinheiro. Também podemos descobrir que abusamos de nós mesmos ao não pedir dinheiro. Uma maneira de fazer isso é fingindo que o dinheiro não é tão importante ou que podemos viver sem ele. Em outros casos, temos medo de reivindicar nosso próprio valor. Pedimos apenas uma pequena quantia em dinheiro, em vez de pedirmos o que valemos.

O universo está lá com tanto a oferecer, e nem mesmo pedimos.

— *SIMONE MILASAS*

Há uma grande diferença entre o que você precisa para viver e o que você precisaria para viver uma vida cheia de possibilidades. Novamente, isso é baseado em seu passado. Talvez você tenha sido repreendido por pedir o que queria ou tenha sido ensinado a criar pequeno. A questão é:

- *Você ainda está vivendo com essa reprimenda?*
- *Você ainda está se fazendo de pequeno e pedindo menos por causa de algo que alguém lhe ensinou?*
- *E se, em vez disso, você realmente pudesse pedir dinheiro, e não apenas o suficiente para pagar as contas?*

Em nossa entrevista, Simone disse: "Acho que temos muito mais valor do que apenas pagar as contas. É como se você fosse o que tem valor, não as contas. E se você começasse a se reconhecer e a se valorizar? Qual seria isso?"

EXERCÍCIO DIÁRIO: CONSCIENTIZAÇÃO DO DINHEIRO

Quem lhe disse que você não pode 'pedir mais?'

Como resultado, quem você está imitando?

Quanto estresse existe em sua vida por causa do dinheiro?

Você pode ver como isso é uma forma de autolimitação e abuso?

Em meu livro *Mentiras do Dinheiro* e em meus workshops sobre dinheiro, faço estas três perguntas:

- Quem você está sendo?
- O que você está sendo?
- Que mentira você está comprando?

O que descobri é que uma questão de dinheiro geralmente é uma questão de "recebimento". Dependendo do que significa receber para você, você pode projetar essas ideias no dinheiro (e em outras formas de receber). Por exemplo, você vai tomar um café. Você está lidando com finanças e sente falta e aperto em torno de tudo, o que faz com que você fique apertado com dinheiro. Quando você paga pelo seu café, em vez de deixar a gorjeta de US $ 1 que costuma deixar, você opta por não dar gorjeta porque está preocupado com dinheiro. Esta é uma oportunidade para um momento de crescimento pós-traumático fazer uma pausa e se perguntar: "Quem estou sendo?" (minha mãe), "O que estou sendo?" (mesquinho) e "Que mentira estou comprando? (Estou em uma situação difícil, então não posso dar uma gorjeta). Depois de reconhecer que é uma mentira, você agora se sente à vontade para dar a gorjeta para quebrar o ciclo.

ESTRESSE E DESCONFORTO EM TORNO DO DINHEIRO

Se a dívida do cartão de crédito e a maneira como você está usando o dinheiro estão criando estresse para você, então fique ciente disso e aceite-o. A maioria das pessoas não quer olhar para seus problemas de dinheiro ou para suas contas bancárias. Elas não querem saber quanto precisam gerar e criar a cada mês. Eles só querem ficar naquela roda de hamsters. Eles se prendem à crença de que, "Se eu ganhar tanto, estarei bem". No entanto, para que algo mude, você precisa ficar *desconfortável* e olhar para todos os aspectos disso. Se você ficar ciente de tudo com o dinheiro, poderá se permitir gerar e criar muito além do seu nível de conforto atual.

O dinheiro já existe há muito tempo. Mesmo quando trocávamos ovos por porcos, como fazíamos no sistema de escambo, isso ainda era uma forma de dinheiro. Você criou uma série de pontos de vista fixos em torno disso, então seja gentil com você mesmo. Mas não abuse de si mesmo. Esteja disposto a que a mudança ocorra, mas se ela não ocorrer da noite para o dia, não se julgue ou abuse de si mesmo por isso.

— SIMONE MILASAS

PERGUNTAS DIÁRIAS: COMO VOCÊ FALA DE DINHEIRO?

O que acontece quando você fala sobre pedir para mais dinheiro aparecer? Você está disposto a recebê-lo?

Esta conversa parece leve ou pesada em seu corpo?

O que acontece com a sua energia quando você diz que não pode pagar por isso ou não pode ir? Seu corpo parece leve ou pesado?

O que você está criando em torno do dinheiro por meio das palavras e da linguagem que usa?

É realmente uma escolha acordar e parar de abusar de si mesmo em todos os níveis, inclusive com dinheiro. As pessoas costumam me dizer: "Não é tão fácil parar de abusar de si mesmo". Na verdade, é. É fácil se você se lembrar de que tudo é uma escolha e escolher acordar para o que está fazendo. Você pode realmente fazer a escolha de mudar isso observando o que está acontecendo internamente e, neste momento, parando para se perguntar o seguinte:

- Isto é leve?
- Este sentimento é bom?
- Isto está me destruindo ou abusando de mim?
- Isto está me nutrindo?
- Isso está criando o futuro que eu desejo?

A INTIMIDADE DO DINHEIRO

Você é íntimo de seu dinheiro? Em outras palavras, quanto você sabe sobre dinheiro que finge não saber ou nega que sabe? Quando nos permitimos saber o que realmente sabemos sobre o dinheiro, em vez de operar a partir do que nos foi ensinado ou aprendido, pode-se abrir um fluxo incrível de abundância em nossas vidas e nosso viver. Dentro da jaula do abuso, no entanto, você está preso a pontos de vista fixos, limitações e crenças como: "Eu sou uma mercadoria danificada e estou com defeito, ou há um limite para o que posso receber". Essas ideias e sistemas de crenças aprendidos transformam o dinheiro em algo que tem um superpoder sobre você e que você permite que o desvalorize e rebaixe.

É importante notar que nossa consciência é um vasto coletivo de energia e informações armazenadas desde o início dos tempos. Culturas, famílias e indivíduos inteiros podem ter crenças limitantes sobre dinheiro e recebimento desde a época romana. Você conhece sua história ancestral e pontos de vista sobre o dinheiro? Nossa consciência pode carregar a desvalorização e degradação desses sistemas primitivos? Entender isso pode fazer você questionar se o que você está acreditando é realmente seu.

Dinheiro "Sujo"

Nosso relacionamento com o dinheiro muitas vezes leva à prostituição de nós mesmos. Não estou falando sobre vender nossos corpos para sexo. Estou falando sobre fazer um trabalho que não queremos fazer em troca de dinheiro. Muitas pessoas acabam trabalhando em um emprego ou carreira de que não gostam ou que seus pais queriam que eles seguissem, porque dinheiro é melhor do que ser um "artista faminto". A questão é:

seu trabalho lhe satisfaz? Ou você se sente esgotado no final do dia?

Também temos um ponto de vista sobre de onde vem o dinheiro e que tipo de dinheiro aceitaremos ou não em nossas vidas. Isso pode criar um "desconvite" diário para o dinheiro.

Dinheiro de drogas, dinheiro ruim, dinheiro bom, dinheiro limpo, tudo gira em torno da ideia de que você se suja com o dinheiro. Nós nos julgamos por certas coisas em torno do que é aceitável fazer por dinheiro e do que não é aceitável também.

— KASS THOMAS

EXERCÍCIO DIÁRIO: AFIRMAÇÕES SOBRE DINHEIRO

Em todos os lugares em que "desconvidei" dinheiro hoje, eu revogo isso e o recebo agora! Obrigado! Sou grato e realizado!

Em todos os lugares em que "desconvidei" receber hoje, eu revogo isso e recebo agora! Obrigado! Sou grato e realizado!

Em todos os lugares em que me "desconvidei" de ser eu mesmo hoje, eu revogo isso e recebo agora! Obrigado! Sou grato e realizado!

Tudo isso contribui para a sombra que temos ao redor do dinheiro, que nos mantém trancados em nossa jaula invisível. Quando não permitimos que o dinheiro seja moeda e flua com fluidez em nossas vidas, tendemos a cair nos comportamentos dos 4Ds – negar, defender, dissociar, desconectar – e isso, então, cria nossa 'realidade financeira'.

Em resumo, existem várias maneiras sutis e evidentes de abusarmos de nós mesmos com dinheiro. Colocamos limitações no que acreditamos poder receber, com base em nossas experiências e programação. Às vezes, nós nos desvalorizamos porque fomos desvalorizados em situações de abuso. Para ter intimidade com o dinheiro, temos que reconhecer o que nos pertence e o que estamos comprando que pertence a outras pessoas. Ficamos cientes de que o que acreditamos ser verdade sobre o dinheiro é, na verdade, uma mentira em que acreditamos – e, ao mesmo tempo, criando o exato oposto do que realmente desejamos. Visto que o dinheiro é frequentemente uma área em que cortamos nossa consciência, temos a ganhar muito explorando nosso relacionamento com ele. Então, uma escolha diferente pode ser feita.

PARTE TRÊS: ESCAPANDO DA JAULA ALÉM DO ABUSO E VIVENDO RADICALMENTE VIVO

CAPÍTULO OITO: FAZENDO AMIZADE COM A JAULA DO ABUSO

Quando falo sobre fazer amizade com a jaula do abuso, estou me referindo a conectar-se com você mesmo de um lugar além da insanidade que criou a jaula em primeiro lugar. Fazer amizade com a jaula do abuso significa conectar-se com a liberdade, alegria e possibilidade que existem independentemente da jaula. Você não precisa receber nada de volta para sair da jaula – e é aqui que minha abordagem difere radicalmente do que você pode ter experimentado antes. Em vez disso, você aprenderá como escolher além do que ocorreu.

Você pode aprender a fazer escolhas além de continuar com a agressão. Você descobrirá como viver sem fazer com que o que aconteceu com você (seja um único ato ou uma série de eventos) comande toda a sua vida. Para mim, eu escolho não permitir que o abuso que vivenciei me defina. É um processo contínuo onde escolho ativamente como me mostrar a cada momento, e isso difere muito do modelo de terapia. Contrasta fortemente com a crença de que algo está quebrado e precisa ser consertado e, quando for consertado, tudo ficará bem novamente. Tive uma experiência aos três anos em que, durante um abuso horrível, minha consciência deixou meu corpo e assistiu à violência e estupro ocorrendo em meu doce corpo. Lembro-me de ter decidido que não importaria o que 'eles' fizessem ao meu corpo, eles nunca ME pegariam e nunca poderiam tirar minha escolha de ser EU. Você ainda tem escolha agora – assim como eu tinha – mesmo que você possa estar lutando contra a dor ou a negatividade. O ser que você é nunca pode ser quebrado. Você pode se sentir quebrado, mas você nunca pode, na verdade, ser quebrado.

Há uma coisa que sei: cada um de nós tem uma história.

Cada um de nós coleta manchas, hematomas e coisas piores ao longo do caminho.

Eu também acredito que não importa as indignidades, os abusos, os traumas ou os contratempos que soframos,

nós NUNCA estamos quebrados. A felicidade é para
todos.

— JEWEL

O que descobri ao apoiar milhares de pessoas em todo o mundo a superar o abuso é que não saímos da jaula devido a uma solução rápida. Primeiro, devemos aumentar nossa consciência – enquadramos a jaula – exatamente como estamos fazendo agora. "Ah, então é isso", é algo que sempre ouço as pessoas dizerem. Estamos dando palavras a um sentimento que foi sentido, mas que nunca é reconhecido e geralmente permanece sem nome. Costumo dizer que é como se houvesse um elefante cagando na sala o tempo todo, e todos estivessem silenciosamente evitando pisar. Não estamos mais ignorando isso. Isso fede, e estamos lidando com isso.

No restante deste livro, vamos mergulhar mais fundo em nossa conscientização da jaula invisível. Também vou compartilhar com vocês ferramentas e processos que não apenas aumentam sua consciência, mas também ajudam vocês a escolher além da jaula.

CONSCIENTIZAÇÃO

Como você leu ao longo do livro, uma das principais ferramentas que sugiro que você use para viver além da jaula é a conscientização. Isso significa estar ciente de quando você está operando de dentro da jaula, e perceber assim que a jaula for acionada. Um dos participantes do meu programa de rádio me perguntou: "Qual é a diferença entre estar ciente e estar alerta?" É uma questão importante.

Você provavelmente está familiarizado com o estado de alerta. Quando você está alerta, está operando em um estado de hipervigilância de dentro da jaula. Este é um estado em que você está esperando que outra pessoa ferre com você. É como viver em alerta vermelho.

Conscientização é diferente. Quando você está ciente, você está conectado a uma consciência universal e infinita. Você não se alinha e não concorda com nada – e você não resiste e rejeita nada. Em outras palavras, você não se sente apegado ao seu ponto de vista ou precisa defendê-lo. Você apenas percebe. Você se torna um observador, ou testemunha, e escolhe responder da maneira mais elevada e melhor por você.

EXERCÍCIO DIÁRIO: LEVE E PESADO

Para fazer escolhas a partir da conscientização, você pode começar a determinar o que é leve ou pesado para você. O que parece leve é o que você deseja ou o que é verdade para você, e o que parece pesado é o que não funciona para você ou é uma mentira para você.

Pense em algo que você queria e agora tem. Como você se sentiu ao recebê-lo?

Agora pense em uma situação que você gostaria de mudar. Quando você a traz à mente, como se sente em seu corpo?

Faça um inventário das pessoas e atividades em sua vida e observe como você se sente quando pensa sobre elas.

Você provavelmente conhece os cantos da jaula muito melhor do que conhece a liberdade e a possibilidade.

- E se você escolhesse a conscientização em cada momento?
- Quão diferente seu mundo seria?
- E se ao invés da anestesia ou fuga, você escolhesse se tornar realmente ciente do que está acontecendo?
- O que é liberdade para você?

- Como você saberá quando estiver livre?

Há um outro fator importante à medida que você aumenta sua consciência e ele é, quando você está examinando a jaula, fazê-lo sem julgar. Lembre-se de que a limitação e a falta a partir das quais a jaula foi criada eram reais no momento em que ocorreram. Você tem acreditado nisso desde então, porque era a única coisa que você sabia fazer. Você agora está descobrindo que tem escolha e pode escolher e criar sua vida a partir desta nova consciência.

EXERCÍCIO DIÁRIO: CONHECENDO SUA JAULA

Observe quando você está na jaula sem se perder na forma ou estrutura dela, e faça-se as seguintes perguntas sem "procurar" uma resposta. Apenas esteja aberto para receber uma.

Isso está me alimentando?

O que seria necessário para mudar isso?

O que posso ser, fazer, ter, gerar ou criar hoje, que mudaria isso imediatamente?

Em seguida, comece a dialogar com a jaula: "Sei que você está tentando me proteger. Você fez a melhor coisa que poderia ter feito na época. Você é minha aliada e está tentando me ajudar. "

Pergunte a si mesmo: "Isso é divertido para mim? O que posso ser, fazer, ter, gerar ou criar, que *seria* divertido para mim?" Então é só FAZER! Escolha e liberdade agora se tornam sua realidade.

Lembre-se de que este é um processo contínuo e não um exercício único. É provável que você precise repetir isso várias vezes. O que você precisa em um momento para viver além da jaula pode ser totalmente diferente em outro momento. Conforme você começa a decompô-la, diferentes aspectos da jaula emergirão. A chave é prestar atenção quando você está dentro da jaula e, em seguida, fazer uma escolha diferente que lhe permita viver além dela.

SABER, SER E PERCEBER

Já recebi diversas ligações em meu programa de rádio em que me perguntaram como "lutar para sair" da jaula do abuso. A crença de que você tem que lutar para sair da jaula é gerada pela energia da experiência original com a qual você ainda está se sintonizando. Ninguém vai sair da jaula do abuso lutando. Isto apenas criará mais do mesmo. Em vez disso, trata-se de ser, conhecer e perceber algo diferente. É sobre ir além dos sistemas de crenças que lhe foram impostas e que realmente nunca lhe pertenceram. Sim, você pode tê-los aceito inconscientemente como seus, mas a menos que os escolha, eles não são realmente seus. Quando você tenta e luta para sair da jaula, está operando com a mesma energia destrutiva com a qual ela foi criada. E você não está sendo amigo de si mesmo quando o faz.

Também ouvi clientes dizerem: "Parece que não consigo chegar ao fundo da jaula". Quero deixar claro que, embora estejamos usando a metáfora de uma jaula e você possa visualizá-la como algo tridimensional, a jaula não tem fundo. Vê-la como algo que você precisa "chegar ao fundo" é uma conclusão que o manterá trancado nela. Se você colocar forma, estrutura e significância em torno da jaula, continuará a criar mais dela. Se você vê dessa forma, está operando a partir do velho paradigma de ter que consertar algo ou chegar ao fundo de algo para curar.

Mesmo que você sinta tristeza ao começar a ir além da jaula, se permanecer atento, provavelmente descobrirá que por trás de sua tristeza está a alegria. Você pode chorar lágrimas, mas as lágrimas que você libera são o derretimento das barras ao seu redor. A escolha cria a liberdade no momento que você sempre soube que existia.

Em resumo, nós identificamos aquilo que provavelmente esteve silenciosamente mantendo você capturado por anos ou mesmo décadas. É provável que toda a sua percepção comece a mudar conforme você comece a notar os padrões e programas que você havia assumido anteriormente como 'você', e agora você percebe que são realmente um produto da jaula. Continuaremos a explorar a jaula invisível ao longo deste livro, junto com outras maneiras de ir além dela.

CAPÍTULO NOVE: UMA CONVERSA REVOLUCIONÁRIA SOBRE ESPERANÇA

Se você conviveu com abusos, pode estar acostumado a viver sem esperança. É meu desejo levar uma mensagem revolucionária de esperança a todos aqueles que sofreram abusos, para que possam ir além do que vivenciaram. Em meu trabalho, descobri que há muitas pessoas no mundo que estão pedindo, no fundo, por uma nova conversa sobre possibilidades.

Estou pedindo uma mudança radical na forma como o mundo vê, percebe e vivencia o abuso. Não assumo este papel levianamente. Realmente acredito que a quantidade de abusos físicos, emocionais e sexuais que vivenciei pessoalmente nesta vida foi uma porta de entrada para ajudar a eliminar o abuso.

Portanto, neste capítulo, gostaria de começar esta conversa revolucionária de esperança que leva a um novo paradigma de transformação do abuso, tanto dentro de você, como no mundo em geral.

Além de Qualquer Coisa

Com o tempo, desenvolvi uma série de programas com essa finalidade, incluindo Live Your ROAR – sua 'Realidade Radicalmente Orgasticamente Viva'. O conceito-chave aqui é a ideia de 'além de qualquer coisa'. O que quero dizer com isso é que podemos nos mover além dos parâmetros de qualquer coisa que tenha sido definida antes.

Vamos dar uma olhada em alguns dos preceitos envolvidos em Viver seu ROAR – e o que "além de tudo" realmente significa a cada momento:

Reconhecer a jaula em que você está vivendo e que até agora o manteve na história sem fim de abusos, deficiências e limitações

Reconhecer que você tem a capacidade de criar uma nova realidade e escolher se livrar das estruturas e mentiras que até agora o mantiveram na jaula

Ter a vontade de criar uma mudança revolucionária em sua vida para viver radicalmente vivo além da jaula do abuso

Tomar decisões que pareçam leves e corretas para você (mesmo que outras pessoas o julguem por isso)

Criar uma vida ilimitada para você, cheia de possibilidades e prazer

Aparecer para viver sua vida totalmente desperto, consciente e presente

Escolher você a cada momento e criar sua vida com base no que é divertido e estimulante para você

Este trabalho exige um profundo compromisso consigo mesmo, uma espécie de ferocidade em seu sentido mais positivo. Está trazendo sua presença mais potente.

"Além de qualquer coisa" significa escolher você, não importa quem vai embora, o que morre, o que termina, que relacionamento você abandonou, para qual negócio ou carreira você mudou, e quem ou o que deixou você.

Quando você entrar neste processo de descoberta e recuperação de você, a vida como você a conhece mudará. Para um de meus clientes, viver "além de tudo" significava tomar decisões em sua carreira que o levaram de US $ 20.000 anuais, quando começamos a trabalhar juntos, para US $ 244.000 ao longo de vários anos. Em suas palavras, o processo foi desafiador, mas os resultados o ajudaram.

Meu trabalho me leva ao redor do mundo, mas esteja eu em casa ou na estrada, estou sempre trabalhando constantemente em minha própria consciência usando todas as ferramentas à minha disposição. Quando facilito outras pessoas no crescimento pessoal, bem como na transformação profissional, faço o mesmo simultaneamente para mim. Eu adoraria dizer a você que tudo vem com facilidade 100% do tempo, mas isso realmente não seria verdade. Tenho estado atolada em uma boa dose de dor física e com velhos traumas surgindo em meu próprio corpo. Vim a entender que, em minha vida, eu estava indo além de qualquer coisa que já busquei antes, e além de meus próprios pontos de referência. E embora possa ser desconfortável e intenso, é uma escolha reconhecer quaisquer barreiras, intensidades e dores que ocorram. É uma escolha deixar de lado as limitações pelas quais temos definido a nós mesmos e a nossa vida. A escolha está sempre lá para nós:

Vou escolher leveza e alegria além de qualquer coisa?

Vou escolher a energia, o espaço e a consciência de uma nova possibilidade para mim?

Vou escolher além do peso e da dor, sofrimento, trauma, drama e luta?

O que é expansivo e divertido para você?

O que parece pesado e ameaçador?

Qual é a vantagem de se sentir pesado e ameaçador?

Seu corpo tem a capacidade de lhe dizer essas coisas, mas se você não está acostumado a se comunicar com ele, pode parecer estranho para você. Quanto mais você praticar esse tipo de conscientização, mais fácil e confortável ela se tornará.

EXERCÍCIO DIÁRIO: NOVAS ESCOLHAS

Qual é a escolha que você poderia fazer agora e que está evitando fazer que poderia movê-lo para a leveza e a alegria? Como esta nova possibilidade pareceria para você?

UM ESTUDO DE CASO – CLIVE

Clive participou de meu workshop Radicalmente Vivo Após o Abuso de um dia de duração na Austrália. Ele estava na casa dos 60 anos e nunca havia falado sobre seu abuso sexual. Ele havia sido estuprado e sodomizado por seu avô por 10 anos quando era um jovem adolescente até seus 20 anos, e manteve isso em segredo. Ele só havia falado sobre isto com outra pessoa antes de entrar em meu workshop na Austrália. Ele nunca havia feito nenhum tipo de terapia.

Quando eu facilitei Clive, a sessão inteira durou cerca de 45 minutos e foi na frente de toda a turma. Ele disse no início do dia: "Não tenho certeza de porque estou aqui. Não tenho certeza do que vou conseguir por estar aqui, mas eu sabia que precisava vir. " Eu soube assim que ele disse isso, que se ele me permitisse ajudá-lo, a mudança aconteceria instantaneamente.

Foi uma daquelas experiências em que estávamos apenas disparando perguntas e respostas de um lado para outro como uma partida de pingue-pongue. Era como se algo nele estivesse dizendo: "Por favor, tire isso do meu corpo. Deixe-me falar sobre isso. Eu não quero mais isso. "

Por meio de questionamentos, respostas, uso de ferramentas e técnicas, e minha formação e treinamento com relação a traumas e abusos fui capaz de facilitar Clive para um espaço de estar em si mesmo que estava além das palavras. No final da sessão, ele parecia um menino lindo e inocente que acabara de se livrar de séculos e vidas de dor, trauma, peso e peso durante os 10 anos em que foi estuprado e sodomizado. Quando reflito sobre aquela sessão, lembro-me da beleza dela e não da dor que ela causou. Em menos de 45 minutos, algo que alguém carregou em seu corpo por décadas foi liberado.

Quando estamos abertos para nos liberar, com as ferramentas certas e a facilitação certa, podemos mudar tremendamente em um curto espaço de tempo. A desesperança, por outro lado, tranca você na jaula do abuso. Clive apareceu em uma classe sem saber nada sobre isso, mas sabendo que queria ir além do abuso, e deu a si mesmo um presente no processo. Ele me disse que agora vivencia liberdade e espaço além de qualquer coisa que ele já tenha imaginado.

RECEBER

Uma vida além do abuso significa permitir-se receber mais, e recebo muitas perguntas sobre como fazer isso. Aqui está minha resposta: é como andar de bicicleta ou ir a uma academia. É um músculo que você só precisa continuar alongando. É uma experiência para a qual no início você pode precisar das rodinhas laterais para equilíbrio. Há algumas coisas que recebo muito bem agora, mas tive que aprender praticando o recebimento.

A ideia de receber fica distorcida pelos olhos de alguém que é abusado. No meu caso, o que achei que estava recebendo foi, na verdade, alguém me julgando ou me dizendo para "ir me f * #@ r". O que eu pensava que era receber era se alguém me denegrisse a ponto de me chamar de estúpida ou de algum dos apelidos degradantes pelos quais minha família me chamava. O que eu pensei que estava recebendo era ser estuprada, ou abusada sexualmente, ou ser xingada por ser gorda. Isso é o que receber significava para mim. E por muito tempo, foi nisso que baseei minha realidade. Então, como você aprende a receber quando suas percepções sobre isso foram distorcidas?

Se é Leve, é Certo

Existe uma regra de ouro para receber:

Se é leve, é certo.

Se seu corpo sentir qualquer tipo de intensidade, ou peso, ou densidade ou constrição, se você bocejar ou se dissociar, ou quiser se afastar da pessoa, algo está acontecendo que você não está recebendo. Por exemplo, alguém pode estar tentando forçar algo que você não deseja. Você tem uma escolha naquele momento para receber o que é leve e certo para você. Qualquer coisa que seja pesada e densa, pare com isso. Essa é a primeira e mais importante ação ao receber.

Alongue-se Para Receber Mais

A segunda lição sobre receber é abrir-se além dos limites percebidos do recebimento. Imagine-se espreguiçando-se para receber amor e carinho em cada músculo, ligamento, célula, tendão, órgão e sistema de seu corpo – mesmo que ouça uma velha voz familiar dizendo que você não merece ou não é para você. É uma prática para continuar a receber mais. É totalmente diferente dos velhos padrões energéticos, como carência e pegar dos outros. Para mim, muitas vezes é sobre confiar que receber não vai me virar contra mim, como aconteceu tantas vezes no meu passado. Quando há trauma em nossa história, podemos ter um pouco de trabalho extra a fazer para receber o amor que existe para nós, mas vale a pena. Receber é um presente que você e seu corpo merecem.

Se você não está atualmente em um relacionamento, pode praticar o recebimento com outras coisas, como dinheiro, comida, exercícios ou seu próprio corpo. Existem tantas maneiras de nos expandirmos para receber:

Sair para caminhar

Tirar um dia de folga para cuidar de si mesmo

Fazer uma massagem

Comprar algo para o qual você tem dinheiro, mas tem negado a si mesmo

Preparar uma refeição saudável para você

Começar um hobby no qual você esteja interessado

Todas essas coisas são formas de receber. E como acontece com todas as práticas neste livro, não é um esforço único.

- Como você pode receber mais todos os dias
- E como você pode se abrir neste momento para receber plenamente os dons que estão disponíveis para você?
- E se, apenas por hoje, você largasse sua jaula e se livrasse de seu porco-espinho invisível?
- E se, apenas por hoje, você se abrisse para o Universo mostrar algo ótimo?

Em resumo, estamos nos abrindo para uma nova maneira de ir além do abuso e começando uma conversa nova e revolucionária de esperança de transformação. Neste capítulo, começamos a abordar essa conversa e, nos capítulos seguintes, você aprenderá outras ferramentas práticas para permitir que ela vá além de uma mera conversa para algo que você possa atualizar em sua vida.

CAPÍTULO DEZ: FERRAMENTAS DE MUDANÇA

Libertar-se da jaula invisível do abuso é um processo. Não é um ato único ou um truque que resolve tudo, por mais que gostemos de pensar assim. Algumas terapias sugerem que esse é o caso, mas esse é um mito de cura que nos foi vendido. Muitos de nós esperamos por esse momento. Na minha experiência, não funciona assim. Você pode dar um passo para fora e voltar para a jaula. Portanto, antes de prosseguirmos, quero garantir que você elimine qualquer erro em você sobre sua jornada de cura pessoal. Se você puder se permitir recuar para a jaula, e não agir a partir de um ponto de julgamento, toda a jornada será muito mais indulgente.

ENCONTRANDO UMA LINGUAGEM PARA O ABUSO

Descobri que uma das maneiras de começar a ir além da jaula do abuso é engajar-se em uma conversa que lhe permita superar a vergonha do que aconteceu. Existe um termo em psicologia chamado "alexitimia". É a incapacidade de identificar as palavras e os sentimentos relacionados à sua experiência de abuso. Quantas vezes você descobriu que, ao abrir a boca para falar sobre isso, as palavras não saíam? Essa é a parte de você que não foi capaz de expressar e articular sua experiência – uma voz que pode guiá-lo para fora da jaula.

AS 3 ETAPAS DA ESCOLHA

Já faz algum tempo que você provavelmente vem convivendo com a história do abuso. A próxima etapa é *perceber* que você está concordando com a história do abuso. A etapa seguinte é parar de se definir por meio da história. O processo será mais ou menos assim:

1. Eu não sabia que havia outra escolha.
2. Percebi que havia outra escolha, mas não sabia como fazer.

3. Eu vi que havia outra escolha e tomei uma atitude.

A terceira etapa é aquela em que estamos nos concentrando neste livro. É aquela em que saímos da jaula e entramos na vitalidade radical.

IR ANTES DO ABUSO

Um dos elementos-chave na cura do abuso é lembrar como você estava antes de o abuso acontecer, o que pode envolver tanto a memória quanto a imaginação. Digo as duas coisas porque, dependendo da idade em que ocorreu o abuso, você pode ter lembranças claras de como era na vida. Às vezes, porém, as pessoas precisam usar a imaginação para visualizar quem são. Assim que for capaz de fazer isso, você pode começar a capturar em seu corpo novas memórias de como são a segurança e o amor.

Em meus workshops, faço as pessoas voltarem a um espaço e tempo antes do abuso ocorrer e se comunicarem com as moléculas de seus corpos daquele lugar. Isso significa lembrar-se de si mesmo em um nível molecular como o ser verdadeiramente magnífico que você era antes de ocorrer o abuso. Quero levá-lo para antes de ser violado e antes de a jaula se encaixar e você começar a viver de dentro de sua visão distorcida da realidade. É o lugar de antes de que a negação, a defesa, a dissociação e a desconexão se tornassem o combustível para o seu corpo. É o lugar de antes de você operar com seus sistemas de resposta automática e seu alerta vermelho.

A verdade é que existe uma perfeição em você que existe fora da sua visão atual de si mesmo. Não estou falando sobre o tipo de perfeição em que você acerta tudo. Estou falando sobre o tipo de perfeição em que você se vê além de suas falhas percebidas. Estou falando sobre você viver de um lugar de unidade em oposição a um lugar de separação. Estou falando sobre você aparecer no mundo com o conhecimento de que o universo está lhe guardando. Mesmo que você diga que nunca teve isso, vou lhe pedir que vá além do pensamento de "Não posso" ou "Não vou" ou "Acontece com todo mundo e não comigo".

No capítulo quatro, discutimos a mimetização biomimética e todas as maneiras pelas quais você pode ter assumido a dor de outras pessoas como se fossem suas. Até agora isto tem sido como uma bolha ao seu redor. A verdadeira comunhão é um retorno a um lugar e tempo em seu corpo que lembra de você além desta bolha. Ele lembra como é o amor, a aceitação, o descanso, a nutrição, a segurança e a conexão. É um espaço dinâmico em seu corpo que vibra e pulsa –

dança – com unidade, liberdade, espaço e consciência.

Permita-se confiar na alegria e abraçá-la.

Você vai se descobrir dançando com tudo.

— *RALPH WALDO EMERSON*

É saber, ser, perceber e receber o ser incrível que você realmente é. É um conhecimento profundo de que não há nada de errado com você e nunca houve. A única coisa realmente errada é que você tem vivido uma história de encarceramento, dor e trauma, o que efetivamente o encapsulou em uma jaula invisível de abuso. O que está errado é a sua desconexão do belo que você é e que se lembra e vive de sua verdadeira natureza essencial.

ESTUDO DE CASO – EMMA

Quando estava trabalhando com Emma, perguntei a ela como era seu corpo antes do abuso. Ela o descreveu como livre, lúdico e imaginativo. Ela se lembrou de como havia sido criativa e poderosa naquela época.

Quando criança, ela sentia que havia magia nas pontas dos dedos, e que ela podia fazer qualquer coisa que sonhasse a partir daquele lugar. Havia uma inocência infantil presente.

Conforme ela se movia mais completamente neste espaço em um nível molecular, ela sentiu que poderia correr livremente. Ela se lembrava de não ter nenhuma preocupação no mundo. Ela poderia gerar e criar tudo o que quisesse. Ela sentiu tudo isso como uma experiência real, e isso trouxe uma mudança correspondente em seu relacionamento com seu corpo.

Um ponto chave para entender é que as moléculas com as quais você está se comunicando existiam antes do abuso. Elas nunca foram embora e nunca foram levadas embora. Quando não entendemos isso, pensamos que temos que encontrar algo que perdemos. Nada foi perdido. Acontece que elas estiveram escondidas sob a história de abuso e tudo o que você decidiu como resultado desse abuso – incluindo ideias sobre como superar, curar e mudar.

EXERCÍCIO DE ENERGIA: COMUNHÃO COM AS MOLÉCULAS

Permita-se voltar a pelo menos um momento em que seu corpo viveu no espaço de descanso, nutrição, segurança, amor e aceitação. É o espaço de verdadeira comunhão, onde você sabe que o Universo está à sua volta e quer sempre amá-lo, apoiá-lo e dar para você.

Diga em voz alta uma hora, idade e local antes do abuso ocorrer. Para chegar ao espaço de comunhão antes e depois do abuso, você deve estender-se para a possibilidade de que havia um espaço antes de ocorrer.

Permita que seu corpo se expanda em mais desse sentimento. Depois, vá fazer alguma atividade que corresponda a esse sentimento. Pode ser algo simples como: tomar um banho quente, acender uma vela, ouvir uma música, passear na natureza ou brincar com seu animal de estimação.

Recomendo fazer este exercício pelo menos uma vez por dia. Observe se há mudança em sua energia ao fazer este exercício: Há uma brisa fresca ou uma leveza? Se você tiver mesmo uma pequena sensação de algo mudando, você está experimentando a comunhão antes do abuso para além do abuso.

Curar o abuso com esse novo modelo envolve escolha, embora a escolha de ir além do abuso voltando para antes que ele ocorresse possa parecer impossível para você no início. A história de abuso já existe há muito tempo. Você pode nunca ter ficado sem ele. Pode ser necessária uma mudança radical de perspectiva para até mesmo considerar ir além disso.

EXERCÍCIO DIÁRIO: ESCOLHENDO DIFERENTEMENTE

Você já viu o filme *Feitiço do Tempo*, onde o personagem principal vive no mesmo dia repetidamente? Como você tem vivido o mesmo dia repetidamente?

O que seria necessário para você escolher além disso? Como você poderia escolher de forma diferente?

Parte de ir além da jaula é a descoberta de que você é mais do que o seu abuso. Existe um você separado do abuso e separado do agressor. Existe um você além de qualquer coisa que já aconteceu com você. E é uma escolha ir além de qualquer coisa que você decidiu por causa disto. Isso permite que o abuso fique em segundo plano para que haja espaço para você gerar e criar sua realidade.

As sete etapas a seguir irão apoiá-lo neste processo de definir sua própria realidade como distinta e separada. Lembre-se de que cada etapa se baseia na outra, então não espere verificá-las como uma lista de tarefas. Não é este o caso. Cada etapa é um ponto de luz em sua consciência que lhe dá mais opções à medida que você avança em sua jornada para se libertar.

Etapa Um: Reconheça sua jaula e reconheça o fato de que ela não está funcionando para você.

Etapa Dois: Escolha olhar para sua jaula em vez de negá-la ou defendê-la.

Etapa Três: Faça a escolha de liberar-se. Decida que você vai mudar isso.

Etapa Quatro: Obtenha suporte e compartilhe sua história. Lembre-se de que isso é diferente de compartilhar a dor. Em vez disso, encontre alguém que o capacite e com quem você possa compartilhar: "Aqui está o que está acontecendo, como posso resolver isso?" Com apoio, você pode começar a desenvolver a consciência dentro de você.

Etapa Cinco: Conecte-se com sua capacidade criativa, lembrando ou imaginando como você era antes de você ser abusado. Havia – e há – algo mágico em você que se sobrepõe à história de abuso.

Etapa Seis: Esteja disposto a liberar seu brilho. Arrisque-se a saltar para novas áreas, projetos e formas de ser.

Etapa Sete: seja você – real, bruto, sem cortes, sem censura. Aqui você vive além de sua história, além de seu passado, além de sua realidade.

EXERCÍCIO DIÁRIO: DE QUE ESTOU CIENTE?

Explore as seguintes questões:

Que consciência eu já tenho e não estou reconhecendo que mudaria minha realidade agora?

Do que estou ciente antes do abuso? Como foi ser eu?

O que eu gostaria de criar agora?

O que posso escolher agora que me leva além da velha história de abuso e me inspira para uma possibilidade diferente?

Em resumo, exploramos ferramentas de mudança para ajudá-lo a construir uma maior consciência de seu verdadeiro eu – um eu que nunca foi ferido pelas coisas que aconteceram com você, mas que foi enterrado sob sua história de abuso. Este eu – o você mágico – está apenas esperando pelo seu reconhecimento. Isto coloca o poder de escolha no momento presente e em suas mãos. Você agora está escolhendo estar radicalmente vivo.

CAPÍTULO ONZE: ATUALIZANDO SEU SISTEMA OPERACIONAL SUBCONSCIENTE

Você já percebeu o que acontece quando você não atualiza o sistema operacional do seu computador? Arquivos antigos, desatualizados e corrompidos podem prejudicar seriamente o desempenho do seu computador. É o mesmo com sua mente subconsciente também.

Existem tantos sistemas de resposta condicionada baseados em crenças que estão alojadas e bloqueadas em nossos corpos quando vivenciamos abusos ou traumas, que, de repente, cada situação pode se tornar um gatilho e uma reação em vez de uma resposta e uma escolha. Quando você atualiza sua programação subconsciente, está liberando o passado para que possa gerar e criar no presente.

Libertando-se das Mentiras

Você tem que ter bem claro que são sua própria psicologia, mentalidade e sistemas de crença que criam as maiores mentiras e os maiores desafios para você. Eles estabelecem regras e comportamentos que não apenas o desconectam ainda mais de quem você é e da vida que você livremente escolheria viver, mas também afetam como sua realidade externa se mostra para você.

Isso se torna uma experiência autorrealizável que "prova" a você que você nunca pode viver além do abuso, que você nunca será o ser forte, brilhante e fenomenal que você realmente é.

A questão é:

Quantos abusos mais você realmente precisa criar e sofrer?

Quando será o suficiente?

Quando você escolherá não mais viver com as mentiras que aprendeu a incorporar como sua realidade?

EXERCÍCIO DIÁRIO: FICANDO CONSCIENTE DAS MENTIRAS

Anote agora 10 coisas que você sabe que criou em sua vida e que são baseadas em mentiras. Olhe para elas da perspectiva do seu corpo, da sua perspectiva financeira, da sua perspectiva de relacionamento, da sua carreira ou perspectiva de trabalho, da maneira como você fala consigo mesmo, de como você interage consigo mesmo e com os outros.

Lembre-se de que este é um exercício de consciência, não de autojulgamento.

Além do Julgamento de Si Mesmo e dos Outros

Quando você se julga, você se fecha ainda mais no que é errado. Por alguma razão, há um grande conforto em saber o quanto você está errado, o quão ruim você é, o quão horrível você é, e assim por diante. E essa é a *verdadeira* epidemia e um terreno fértil para mais abusos. Também o mantém em um padrão, garantindo que você nunca precise ser mais do que é agora.

EXERCÍCIO DIÁRIO: OLHANDO PARA O JULGAMENTO

Quantos julgamentos você tem sobre o que é errado e mau em você?

Quantos julgamentos você tem sobre você como sendo "mercadoria danificada" ou como alguém que está quebrado?

Em quantos desses julgamentos você fez sua posição de 'recuar', para nunca ir além do abuso e sempre retornar ao conforto e segurança do que você conhece?

Observe onde você vivencia essas questões em seu corpo. Onde quer que você as sinta, é onde você está julgando.

Quando você julga outra pessoa, você está na verdade se defendendo, se desconectando, negando e se dissociando do que não está disposto a ver em si mesmo. Isso ocorre porque os outros refletem para você o que você está realmente julgando dentro de você. Isso o mantém preso a uma visão limitada de quem você realmente é. Então, sempre que você está apontando o dedo para o que aconteceu na noite passada, ou na semana passada, ou no mês passado, ou 20 anos atrás, você está realmente negando, se dissociando, se desconectando e se defendendo contra algo que você não quer ser responsabilizado por si mesmo. É por isso que é tão desafiador deixar para lá. É também como você fica trancado na jaula.

Como o julgamento é desvalorizar e rejeitar o que você não está disposto e capaz de ver em si mesmo, você inflige ou projeta o julgamento sobre outra pessoa para aliviar a pressão sobre si mesmo. No entanto, essa não é a única maneira de aliviar essa pressão. Por exemplo, quando estou trabalhando com um cliente, peço que deem energicamente essa pressão, esses julgamentos, para a erra. Você também pode liberar seu julgamento aos poucos. Minha impressão, porém, é que, se você está acostumado a uma vida inteira julgando a si mesmo, está sempre procurando criar mudanças monumentais em sua vida porque acredita que algo deve mudar para que você fique bem. Mas o sucesso pode ser apenas um grau de mudança.

Por exemplo, se você for o capitão de um navio e mudar o trajeto em apenas um grau, isso representa uma enorme mudança na trajetória do barco no oceano, um grande movimento. Embora um grau pareça intelectualmente pequeno, uma mudança de um grau é uma enorme trajetória de mudança, um enorme movimento no escopo da criação após o abuso.

Qual será sua mudança de um grau hoje? Use o exercício de energia abaixo para fazer sua primeira mudança de um grau além do julgamento.

EXERCÍCIO DE ENERGIA: LIBERANDO SEUS JULGAMENTOS PARA A TERRA

Como o julgamento o desliga e o desconecta de seu corpo, então o primeiro passo para ir além do julgamento é se reconectar. Sente-se em um local silencioso, feche os olhos e respire fundo algumas vezes. Respire pela boca para conectar sua mente e seu corpo. Expanda sua energia profundamente e através da Terra. Segure onde quer que você sinta um peso ou densidade e jogue-o no chão com um grande suspiro. Esta é uma oferta para a Terra. Ao oferecer seus julgamentos à Terra, você libera seu corpo da densidade e do peso que impedem que a liberdade, o espaço e a verdade sejam sua realidade. A Terra realmente é o espaço onde o julgamento não reside.

Tudo do nosso corpo que damos e contribuímos para a Terra é comido pela Terra. Torna-se como combustível para a Terra e pode regenerá-la. Pode ser retirado de nossos corpos para que não tenhamos que carregá-lo mais e usado para o bem da Terra.

Ofereça seus julgamentos à Terra como uma contribuição. Isso inclui seus julgamentos de qualquer um dos casos seguintes:

- Sua mãe, pai, irmã, irmão, avós, tias ou tios
- Seu corpo e quaisquer partes específicas do corpo, a frente e as costas, quaisquer cicatrizes que você tenha ou dores, ou doenças crônicas
- Seus abusadores

Deixe todos eles se irem. Ofereça todos eles à Terra como um presente e uma contribuição. Em seguida, traga sua energia de volta para dentro de você, sem julgamentos, subindo a partir da Terra. Receba da Terra. Expanda a sua consciência agora e observe o que você está ciente em seu corpo. Você está mais leve ou mais pesado? Você tem mais ou menos espaço?

Você pode liberar seus julgamentos para a Terra vez após vez, até sentir uma sensação de paz e possibilidade.

Gerando A Partir do Passado

Quando você ainda se apega à toxicidade do passado, você basicamente vive sua vida como a criança ou a versão mais jovem de você que foi abusada. Quando você é abusado, algumas das respostas e interações humanas mais tipicamente positivas podem parecer distantes, como se elas não pertencessem a você ou se você não pudesse alcançá-las. A bondade pode parecer estranha. Gratidão e generosidade são estranhas e pesadas. O amor pode parecer perigoso.

Toda a diversão e brincadeira podem ter sido drenadas de você com o choque e trauma do que ocorreu, e podem ter sido substituídas pela hipervigilância, controle, rigidez e domínio. Tudo se torna uma obrigação e, com isso, você limita sua capacidade de progredir na vida.

Como você vai além do seu abuso?

Como você atualiza seu subconsciente e substitui as velhas crenças baseadas no abuso por novas crenças que o reconectam a estados emocionais mais positivos?

Como você redescobre a gratidão por você, a gentileza e o amor de você, mais uma vez?

Quando você tenta adotar os aspectos positivos de si mesmo, como amor ou brincadeira, generosidade de espírito ou gratidão, pode haver certas situações em que você pensa: "Simplesmente não sei como fazer isso". É muito parecido com quando seu computador mostra a mensagem "arquivo não encontrado". Afinal, se você viveu nas últimas duas décadas ou mais a partir de um lugar de hipervigilância, controle e rigidez, como saber qual é o próximo passo?

Atualizando Suas Crenças

Se o seu computador estivesse cheio de poeira, você provavelmente pegaria uma latinha com ar comprimido e jogaria um spray para limpá-lo. Mas quando se trata de nosso mundo interno, a maioria de nós mantém essas bolas de poeira exatamente onde estão. Chamamos isso de familiaridade ou zona de conforto. Exceto que, na maioria das vezes, nossa zona de conforto é bastante desconfortável. Enquanto isso, você se pega bloqueando e não convidando tudo de bom em sua vida. Você pode dizer que está feliz, mas é uma falsa sensação de felicidade – ela existe na superfície e não no fundo de você. Simultaneamente, você toma pílulas para a depressão ou faz outras coisas que o fazem se desconectar ou evitar como realmente se sente.

Para viver uma vida de escolha consciente, a velha programação enraizada no abuso tem que ser limpa, organizada e substituída, caso contrário, você apenas continua indo e voltando, batendo na mesma tampa ou teto de vidro, enquanto luta e luta contra isso. Mas você não vai além do abuso em uma batalha.

Você vai além do abuso aprendendo a escolher de maneira diferente – desde viver sua vida em desarmonia e união consigo mesmo, até uma vida de integridade impecável.

Passo Um: Fique Consciente

Como acontece com vários conceitos que apresentei a você neste livro, o primeiro passo é a conscientização. Quando pergunto às pessoas se sabem como redescobrir a gratidão, a bondade e o amor por si mesmas, algumas pessoas respondem que nunca os tiveram. No entanto, mesmo se o seu abuso começou dois dias depois de você nascer, você teve pelo menos um dia em que não estava sendo abusado. Portanto, houve um momento em que você teve uma experiência de gratidão, bondade e amor. Você pode só ter tido mais experiências de hipervigilância, domínio e abuso, mas ainda houve um momento, em algum lugar, onde você existiu além do abuso.

Passo Dois: Reconheça a Desconfiança

O segundo passo é reconhecer o quanto você desconfia dos outros. O ceticismo e o julgamento mantêm a jaula no lugar. É como uma outra versão da jaula do abuso. Desconfiança, ceticismo, julgamento, hipervigilância, dominação, controle, rigidez, tudo forma outras paredes de sua jaula, mantendo-o trancado e limitado.

Passo Três: Derrube suas Barreiras

A fim de substituir a programação subconsciente que mantém a jaula no lugar, você precisará derrubar suas barreiras. É necessária uma resolução profunda que às vezes chamo de "tenacidade de consciência" para dizer "não" a como o abuso é mantido em sua mente e armazenado em seu corpo. Você precisa começar a abandonar as decisões, julgamentos e conclusões que fez com um dia de idade, ou três anos, ou oito anos, ou a idade que você tinha quando o abuso começou. Lembre-se, eles foram criados para ajudá-lo naquela época, mas fazem parte de uma programação desatualizada. Eles não estão mais ajudando você.

EXERCÍCIO DIÁRIO: FICANDO CONSCIENTE

Anote as situações, experiências, tempos, lugares, pessoas e dinâmicas em sua vida em que você deseja adotar a bondade, o amor e brincar, mas quanto mais você deseja, mais você luta e pressiona contra as grades da jaula.

O QUE VOCÊ AMA SOBRE A JAULA?

Parte de ir além da jaula é admitir que há uma parte de você que "ama" a familiaridade e o conforto dela. Digo isso, é claro, sem julgamento. Como seres humanos, continuamos fazendo o que amamos. O que você ama nesta luta?

Parece mais seguro?

É assustador estar vulnerável?

Você está preocupado com o fato de que fazer mudanças prejudique outras pessoas?

Você é capaz de tolerar a incerteza quando pensa no futuro?

Esses são os tipos de ideias ou crenças que impedem o movimento para a frente, de assumir riscos e fazer as coisas de maneira diferente. O problema é que a mesma dinâmica sempre o leva a um julgamento de si mesmo. Isto, por sua vez, leva você à separação dos outros, o que, por sua vez, cria desconexão dos outros.

Enquanto houver uma vantagem em manter esses arquivos antigos e em não esvaziar a lixeira, você está garantindo que sempre será uma vítima do seu passado e estará trancado na jaula. Você continuará com os comportamentos que o trouxeram até onde está hoje. Você nunca se permitirá além de um estado limitado de realidade. Isso literalmente o mantém casado com sua realidade abusiva.

Então, se você não está atualizando seu sistema operacional subconsciente, você é como um desgosto esperando para acontecer. Você está criando uma vida desastrosa, ou não está convidando dinheiro, ou está terminando outro relacionamento.

SEUS SISTEMAS DE CRENÇAS

Seus sistemas de crenças sobre como você precisa responder ao mundo são baseados no que você aprendeu. Eles são formados a partir da perspectiva do trauma.

Se eu conseguir atenção, serei abusado.

Se eu for visto, serei abusado.

Se eu olhar para alguém, serei abusado.

Se eu vir alguém, serei abusado.

Se eu sair, serei abusado.

Se eu fizer algo de valor, serei abusado.

Se eu falar, serei abusado. Se eu disser alguma coisa, serei abusado.

Se eu fizer algo diferente, serei abusado.

Quando crenças desatualizadas como essas ainda comandam sua vida, você ainda se comporta como se o que decidiu quando foi abusado fosse verdade. Você ainda está operando através dos filtros do seu eu mais jovem e respondendo a partir da programação mental que foi criada há muito tempo.

SUAS FREQUÊNCIAS VIBRACIONAIS

Essencialmente, suas crenças inconscientes atuais atraem mais abusos por causa da frequência ressonante do abuso – sua vibração geral – e você acaba ressoando com outras pessoas nessa mesma frequência. Isso não significa que haja algo de errado com você ou que você tenha falhas porque isso continua acontecendo. É aqui que as pessoas ouvem sobre a Lei da Atração e ficam confusas pensando que estão criando o abuso. Eu não estava realmente "criando" isso, mas fui pego em sua frequência. As paredes da jaula que eu considerava minha realidade – e as informações armazenadas em meu sistema operacional subconsciente – significavam que outras pessoas com uma frequência semelhante poderiam combinar comigo.

Portanto, se alguma daquelas coisas que eu disse ressoar em você, são as suas crenças que o estão mantendo em conflito com a possibilidade de viver radicalmente vivo ou mesmo de estar presente neste momento. Enquanto estiver operando a partir do passado e das crenças formadas a partir dele, você sempre estará na frequência ressonante do abuso.

PREENCHA SUA MENTE COM O QUE VOCÊ QUER

Mudar as crenças significa "tirar o velho, entrar com o novo". Será preciso alguma exploração e trabalho para realmente saber que qualidade de vida você gostaria de ter. A maneira de fazer isso é encontrar o espaço ou lugar em sua vida onde você seja mais feliz.

Onde você se sente mais agradável em seu corpo?

Quando você se sentiu seguro e protegido e, ao mesmo tempo, vivo?

Descubra quais são essas situações e comece a ancorá-las em seu corpo como novas experiências. Isso permitirá que você comece a construir uma nova base para sua vida a partir de um novo conjunto de opções disponíveis. Você também pode começar a decidir ativamente as qualidades que valoriza, como bondade, generosidade, gratidão e amor. Você deve escolher ativamente experiências mais alegres que tragam leveza e expansão ao seu corpo, mesmo que pareçam estranhas no início.

A fim de mudar seus sistemas de crenças, você primeiro tem que escolher você. Você tem que escolher o que está além do que foi imposto a você. Você tem que escolher, com tenacidade de consciência, uma vivacidade radical e uma presença agressiva. Você tem que fazer a escolha de dizer "não" ao que você não quer e "sim" ao que você quer.

Este é o ponto que a maioria das pessoas não percebe. Eles "experimentam" as novas qualidades de alegria e expansão e não se sentem à vontade porque não estão acostumados a ressoar nessas frequências. Então, eles dizem: "Isso não é para mim" e, em seguida, voltam para os métodos antigos e familiares. Se você fizer isso, estará se rendendo ao abuso. Se você fizer isso, estará dizendo que não é gentil, generoso ou grato. Se você fizer isso, estará dizendo que não é amor. E isto é uma mentira absoluta.

Você já é gentil, generoso, grato e amoroso.

Muitos de nós que sofremos abusos somos os seres mais amáveis, gentis, vulneráveis, sábios, inteligentes e bonitos que já conheci neste planeta. Você pode escolher entrar em contato com este seu verdadeiro espaço em vez de com a realidade que foi imposta a você. Mesmo que pareça apenas o seu dedo mínimo no início, encontre algum lugar em seu corpo que saiba que é o reflexo de bondade, generosidade, gratidão e amor – em algum lugar em seu corpo que saiba disso quando você está na natureza, na terra, no ar, com o universo, que só a bondade, a generosidade, a paz e a calma residem. Se você puder fazer isto, começará a mudar sua vida.

Pode parecer ridículo que baste apenas um dedo mínimo para algumas pessoas, mas mesmo isso pode ser uma grande mudança. Às vezes, esse mindinho é o único lugar onde um médico ou enfermeira tocou alguém quando ele nasceu, e é o único toque de amor que eles já tiveram. Sei que estou usando um exemplo extremo aqui, mas frequentemente trabalho com pessoas que dizem que nunca experimentaram um toque de amor em suas vidas. E embora isso possa ser predominantemente verdadeiro, também queremos ser capazes de atrair as menores quantidades de amor, alegria e gratidão que conhecemos, e começar a expandi-las para que se tornem nossa realidade, ao invés de serem a exceção, como podem ter sido anteriormente. Você tem que encontrar o lugar onde essas qualidades existem como um espaço de autenticidade em seu corpo e capitalizar isto.

EXERCÍCIO DE ENERGIA: EXPANSÃO DA ENERGIA E CONSCIÊNCIA EM SEU CORPO

Depois de descobrir o espaço em seu corpo que sabe quem você realmente é, o que você faz é deixar essa parte sorrir. Mesmo que tenha sido apenas um segundo de um toque amoroso quando você era um bebê, deixe que isto se expanda em seu próximo dedo e se expanda no próximo dedo, e no próximo dedo, e no polegar, e então na mão, e então permita que suba pelo braço.

Mesmo que você não se lembre de ter conhecido um toque amoroso de outra pessoa, use seus próprios recursos. Comece a pensar em todos os momentos da vida em que você se sentiu feliz e livre e entre em sintonia com sua bondade inata, generosidade de espírito, gratidão e amor por estar realmente além do que experimentou. Expanda-os, até que fiquem cada vez maiores. Portanto, não é mais apenas o dedo mínimo do seu corpo, agora são três quartos do seu corpo. E então, eventualmente, se tornará seu corpo inteiro.

Com prática, muita prática, você descobrirá que tem um novo sistema operacional baseado nas virtudes de quem você realmente é molecularmente.

Em resumo, exploramos como seus sistemas de crença têm direcionado o show. A fim de mudar o que está em seu sistema operacional subconsciente, você deve fazer um esforço consciente para se tornar ciente dos antigos programas que estão comandando você e eliminar as crenças desatualizadas que não servem mais a você ou à vida que deseja. Então você tem a escolha de decidir ativamente quais crenças você prefere para apoiá-lo em ser tudo o que você é e escolher expressar, e começar a incutir essas novas qualidades e experiências, não importa o quão estranho pareça a princípio. A partir deste ponto, você está pronto para abraçar a vida radicalmente viva.

CAPÍTULO DOZE: VIVENDO RADICALMENTE VIVO

Não sou uma vítima nem um sobrevivente e, na verdade, nem sou um prosperador. Eu escolho viver radicalmente e orgasticamente vivo com uma presença agressiva conhecida dentro e de mim. Sou o catalisador gerando e criando minha realidade a partir do que é estimulante e divertido para mim. Nunca vou permitir que alguém escolha por mim novamente e isto é por si só uma escolha, não se associar ao rótulo desta realidade de vítima, sobrevivente ou prosperador.

Em um sentido muito real você tem vivido até agora em um estado de morte como resultado do abuso. Agora, porém, é hora de mudar para algo totalmente diferente – viver radicalmente vivo – e com as ideias apresentadas aqui, isto é uma possibilidade real.

Viver uma vida radicalmente viva não significa que você não terá raiva, tristeza ou qualquer um dos outros sentimentos que vivenciamos com o abuso. Significa que você se sentirá confortável para expressar suas emoções. Você terá acesso a uma maior expressão de todas as partes de você.

Imagine ter toda a sua vitalidade que está presa na raiva e na tristeza não expressadas, toda a magia que é fechada pela censura, toda a sabedoria do seu corpo que é morta pelo medo – imagine tudo à sua disposição. Vivendo radicalmente vivo, você não precisa mais tentar controlar o seu mundo para se sentir seguro, ou apenas fazer as coisas em seu relacionamento consigo mesmo, seu corpo, seu parceiro, seu trabalho e sua conta bancária.

Portanto, a primeira pergunta é: você está disposto a ser você?

Você Está Disposto a Ser Você?

Conhece a ti mesmo.

— AFORISMO GREGO ANTIGO
INSCRITO NO TEMPLO DE DELFOS

Ser você significa saber a verdade sobre você além de suas funções, obrigações, gênero, educação, licenças ou certificações, trabalho ou quem você é em seus relacionamentos. Significa escolher, ser, fazer, ter, gerar e criar tudo fora do que qualquer outra pessoa lhe ensinou ou definiu para você. Este conhecimento profundo de si mesmo – seu verdadeiro eu – irá libertá-lo do entorpecimento do abuso, despertá-lo para as sensações prazerosas de viver em seu corpo e ajudá-lo a se comunicar com seu corpo para acessar sua sabedoria inerente.

*Você está pronto para receber os presentes que o universo
tem para você e escolher o prazer
e possibilidades de sua vida de novo?*

O Que Estou Recusando Ser?

Uma das maneiras que tenho usado para me acordar da névoa do condicionamento é perguntando:

O que estou me recusando a ser?

O que estou me recusando a ser que, se eu apenas fosse, tornaria mais fácil ser eu imediatamente?

Não sei exatamente como isso aconteceu comigo, mas lembro-me de que acordei com a percepção de que estava escolhendo viver a realidade de outra pessoa. Compreendi que isto se baseava em todos os pontos de referência que criei nesta vida, o que me deu uma falsa sensação de segurança. Minha realidade foi baseada em todos os pontos de referência da minha família, minha formação, de onde vim, quais foram minhas experiências, e assim por diante. E percebi que isso estava me deixando infeliz. Eu estava inconscientemente tentando me destruir ainda mais. A pergunta: "Quem estou me recusando a ser agora?" pode realmente ajudar você a sair deste ciclo.

Mesmo agora em minha vida, quando percebo que não estou me sentindo tão viva como antes, pergunto: "Ok, quem ou o que estou me recusando a ser agora?" Eu poderia ir para o lado errado de mim e quão ruim eu sou, que é o que fomos programados para fazer, mas a realidade é que se você se fizer uma pergunta como esta, você pode escapar do julgamento e escolher.

EXERCÍCIO DIÁRIO: O QUE VOCÊ ESTÁ RECUSANDO A SER?

Fazer uma pergunta a si mesmo evitará que você retorne ao seu antigo condicionamento que cria mais ansiedade, sono agitado, distância e separação. Uma pergunta o ajudará a criar mais conexão e comunhão.

Você está se recusando a ser a sua beleza?

Você está se recusando a ser o orador que poderia ser?

Você está se recusando a ser o escritor que realmente é?

Você está se recusando a ser o corredor de maratona que sabe que é?

Você está se recusando a ser o professor que você está sendo chamado para ser?

Você está se recusando a ser o que acredita ser verdade para você e o que está aqui para ser?

Como Posso Escolher Isso?

Depois de se perguntar o que você está se recusando a ser, o próximo passo é perguntar a si mesmo:

Como posso escolher?

O que posso fazer para escolher ser assim agora?

Mas é ainda mais profundo do que isso. E se eu não me permitisse mais esconder meu próprio poder?

E se você nunca se permitir esconder seu próprio poder?

Saiba que o seu poder não será encontrado fora de você, mas sim dentro de você. A qualquer momento cada um de nós pode escolher dar um passo à frente e fazer o que for necessário. Escolhemos o que sabemos ser o melhor em cada momento e, mesmo que não saibamos ou pensemos que não sabemos, escolhemos de qualquer maneira com base no que expande a possibilidade. Quando você se dá a liberdade de escolher a cada momento, passa da morte para a vivacidade radical.

VIVENDO ALÉM DA HISTÓRIA

O que notei sobre minha própria jornada é que estou tão longe da minha história agora que não mais a filtro por meio da percepção de julgamento. Há uma felicidade e liberdade que advém de ir além do julgamento. O julgamento sempre esteve lá. Sempre esteve comigo. Eu estava tão acostumada com ele que o usei sem nem perceber.

Viver além do julgamento traz uma profunda sensação de estar bem com quem você é. À medida que fazemos este trabalho, você terá um senso mais profundo de compreensão sobre sua experiência de abuso.

> *É uma sensação de, "Não me pegou. Não poderia levar*
> *minha alma. Não poderia ter tudo de mim.*
> *Eu ainda sou quem eu sou e quem eu era, estou apenas*
> *melhor."*

Sim, o abuso ocorreu. Pode ter incluído as mãos de outra pessoa em você. Mas isso nunca foi realmente você, de qualquer maneira. Foram eles impondo sua realidade em você. Quem pode dizer que só porque aconteceu um trauma, você tem que se tornar algo diferente do que era? Então, em vez de entregar seu poder a um evento ou agressor – algo que nunca realmente teve nada a ver com você – por que não voltar a ser quem você é e quem você sempre foi, e liberar isso?

Só porque a realidade chama isso de trauma, abuso ou TEPT (transtorno de estresse pós-traumático), e porque há certas coisas que se espera que você vivencie por causa disso, não significa que você realmente precise. Você pode escolher ouvir de forma diferente, perceber, saber, ser e receber algo diferente aqui. Isso está no cerne de uma vida radicalmente viva.

Perdão

No entanto, o perdão não é para ninguém além de você. Perdoar, em seu sentido mais básico, significa deixar ir. É uma maneira de dizer: "Eu sou livre e você também".

O perdão é para você, se você decidir seguir em frente.

Parte da minha jornada tem sido agradecer a todos os meus agressores, homens e mulheres, por deixar tão claro para mim a contribuição fenomenal que posso ser para este planeta e a diferença que posso fazer. Há uma bondade, uma inteligência e um carinho e uma sensibilidade em mim que estão dentro de todos nós. Se eu não estivesse disposta a passar pelo que passei, a escolher isso, talvez não tivesse as palavras e a experiência para apresentar meu programa de rádio, ou este livro, ou facilitar as milhares de pessoas que tenho facilitado. Hoje considero minha vida uma possibilidade de crescimento pós-traumático.

Não estou dizendo que precisamos de lições como o abuso. Estou dizendo que podemos escolher algo diferente que é prazer, possibilidade, geração, criação, fazer a diferença, espalhar consciência, capacitação, brilho e realmente alcançar dentro de nossa própria jaula para brilhar uma luz que diz: "Chega de mentiras. Chega de abusos!" E podemos ajudar outros a fazer o mesmo.

Costumo dizer aos clientes: "Nunca é tarde demais para mudar sua infância, e nunca é tarde demais para mudar. E você nunca sabe o que pode acontecer com aquelas pessoas em sua vida que abusaram de você". No meu próprio caso, tive uma mudança profunda com minha mãe. Crescemos e mudamos, o que nos permitiu desenvolver um relacionamento maravilhoso e amoroso. Este é um presente que eu nunca poderia ter imaginado. Agora, aos 50 anos, tenho a experiência de como é ter uma mãe, e o que é o amor incondicional. É realmente o que sempre quis dela, e agora é assim. O passado deu uma volta completa e está resolvido. Tudo o que importa é que eu amo minha mãe e minha mãe me ama. Eu estou livre. E ela também.

É difícil escrever um livro como este. A verdade nem sempre é bonita. Mas nós curamos, crescemos e mudamos à medida que fazemos esse trabalho e, frequentemente, aqueles que nos abusaram também o fazem. Esta é a graça de viver radical e orgasticamente viva. Você está pronto para isso? Você está pronto para mais vida?

Universo, mostre-nos os milagres e deixe-nos todos ser
libertados!
E assim é!

EXERCÍCIO DE ENERGIA: EXPANDINDO PARA RADICALMENTE VIVO

Feche os olhos e coloque as mãos no timo e no osso púbico. Respire pela boca 3 vezes e diga: "OI CORPO! OI CORPO! OI CORPO! OI EU! OI EU! OI EU! OI TERRA! OI TERRA! OI TERRA!" Expanda sua energia para tocar os quatro cantos do cômodo em que você está e respire. Expire o máximo que puder para cima, para baixo, para a direita, para a esquerda, para a frente e para trás. Inspire pela frente, inspire por trás, inspire pela direita e pela esquerda. Respire dos pés à cabeça. Repita todos os "Ois" acima. Declare em voz alta: "EU MUDEI E SEI QUE MUDEI E SEI QUE MUDEI PORQUE ______________ (preencha o espaço em branco)". Diga isso 3 vezes. Abra seus olhos.

Observe como você se sente ou qualquer mudança em sua energia.

Liberando o Abuso do Mundo do Seu Corpo

Aqueles de nós que sofreram abuso são frequentemente sensíveis à experiência de abusos do mundo inteiro porque sabemos como é a sensação, o cheiro e o gosto. Pode parecer que nossos corpos estejam hipervigilantemente programados desta forma. É como uma antena para cheirar, provar e saber onde está o abuso. Mesmo que não estejamos cientes disso cognitiva, consciente ou visualmente, nossa memória celular está.

Pergunte-se:

O peso que experimentei ao perceber o abuso de outras pessoas pertence a mim? E está me servindo para continuar sintonizando-o e vivenciando-o através dos meus sentidos?

Você agora tem uma escolha. Você tem a escolha de ouvir os sussurros de todas as vozes, de todos os abusos por toda a eternidade que estão nos convocando a todos. Mais importante, talvez, você tenha a escolha de ouvir estes sussurros e dizer: "Chega. É hora de ir além de como permiti que o abuso governasse minha vida". O basta para os abusos começam com você e sua escolha aqui e agora.

Então, eu me pergunto... o que você vai escolher?

Eu digo:

1 2 3 4 ROAR

Chega de abuso!

BIOGRAFIA

A Dr.ª Lisa Cooney, Douto-
rada e Licenciada em Terapia
de Família e de Casais, é uma
especialista líder em transformação pessoal e recuperação
de traumas, com foco na
Terapia da Alma, Coaching
Pessoal e Transformação
Espiritual. Criadora da inova-

dora Viva a Sua ROAR®, ela transformou a vida de
milhares de pessoas, ajudando a que superassem o
abuso infantil e alcançassem a sua "Realidade Orgas-
micamente Animada Radicalmente" (ROAR®). O
trabalho da Dr.ª Lisa tem profundas raízes na sua filo-
sofia "Vou Conseguir... Aconteça o que Acontecer!" e os
princípios de se colocar em primeiro lugar, se compro-
meter com o crescimento, colaborar com o universo e
criar a vida que você sonha.

www.ingramcontent.com/pod-product-compliance
Lightning Source LLC
Chambersburg PA
CBHW061251120726
48001CB00001B/260